清 張廷玉等撰

明史

第二五册

卷二九二至卷三〇三（傳）

中華書局

明史卷二百九十二

列傳第一百八十

忠義四

張允登，漢州人。萬曆三十八年進士。歷知咸寧、咸陽，有善政。其成進士，出湯賓尹之門，賓尹弗善也，而東林以賓尹故，惡之。舉卓異，得刑部主事，累遷河西兵備副使。鄜、延歲飢，亟遭盜，允登拊循備至，士民德之。崇禎四年閏十一月督餉至甘泉，降卒潛與流賊通，殺知縣郭永固，劫餉。允登力禦，不敵死。鄜人素服迎其喪，哭聲震十里，罷市三日。

當是時，流賊日熾，總督洪承疇往來奔擊，日不暇給。逾月陷宜君，又陷葭州，僉事郭景嵩死之。明年二月陷鄜州，兵備副使郭應響死之。

應響，福清人，萬曆丙午舉鄉試第一。寧塞餘賊來犯，應響禦之，斬賊常山虎等十五人。至是，混天猴率衆夜突至，應響登北關，集士卒拒守，手殺三賊，力不支遂死。事聞，贈光祿寺少卿，謚忠烈，予祭葬，廕一子入監讀書。

張光奎，澤州人。仕至山東右參政。崇禎五年，流賊躪山西，監司王肇生以便宜署歙人吳開先爲將，使擊賊，戰澤州城西。賊敗去，從沁水轉掠陽城。開先恃勇渡沁，戰北留墩下，擊斬數百人，礮盡無援，一軍盡沒。賊乃再犯澤州，光奎方里居，與兄守備光璽、千總劉自安等率衆固守八日，援兵不至，城陷，並死之。澤，大州也，遠近爲震動。事聞，贈光祿卿，光璽等贈恤有差。

是歲，紫金梁等寇遼州，里居行人楊于楷與主事張友程，佐知州信陽李呈章拒守，力屈城陷，于楷被執，罵賊死。呈章、友程及舉人趙一亨、侯標並死之。明年六月，賊陷和順，里居昌平副使樂濟衆被傷，不屈，投井死。贈于楷光祿少卿，濟衆太僕少卿。有徐明揚者，浮梁人，由選貢生爲平順知縣。六年四月，賊來犯，設策守禦，城破不屈死。

李中正，盧氏人。萬曆末，舉會試，以天啓二年赴廷對，授承天府推官，遷兵部主事。崇禎初，謝病歸。六年，羣盜大亂河北。其冬，乘冰渡河，遂由澠池犯盧氏。中州承平久，不設備。驟聞賊至，吏民惶駴，知縣金會嘉棄城遁。十二月，賊入城，中正勒家衆及里中壯士奮擊，衆寡不敵，力戰死。賊縱掠城中，執舉人靳謙書，使跪，不屈，大罵而死。

賊以是冬始入河南，自是屢陷名城，殺將吏無算，鄉官舉貢多被難。其宜陽馬足輕，靈寶許煇，新安劉君培、馬山、李登英，偃師裴君合，陝州張我正、張我德，孟津孫挺生，〔一〕嵩縣傅世濟、李佩玉，上蔡劉時寵輩，則先後以布衣抗節顯。

足輕，性孝友。弟惑婦言，迫分產，乃取田磽薄者自予。萬曆末，歲大凶，出粟六百石以振，焚券千餘。崇禎六年冬，流賊渡河而南，挈家避之石龍崖。三女皆殊色，慮賊汚，悉投崖死。足輕被執，厲聲大罵。賊怒，幷三子殺之。家衆皆遇害，惟存次子駿一人，後登鄉薦。煇爲縣陰陽官，爲賊所掠，大罵見殺。

君培有義行，攜子及從孫避難，道遇賊，欲殺其從孫。君培曰：「我尙有男，此子乃遺孤，幸舍之而殺我。」賊如其言，二子獲免。

山性剛直，土寇于大中陷新安，獲山，使負米。叱曰：「我天朝百姓，肯爲賊負米邪！」大罵而死。登英亦以罵賊死。

君合幼孤，母苦節，孝養惟謹。賊至，聚衆保沙岸寨。攻圍十晝夜不克，說之降，大罵不從。寨破，被磔。

我正素豪俠，集衆保鄉里，一方賴之。十四年勦衆禦賊，馘三人。俄賊大至，衆悉奔，奮臂獨戰。賊愛其勇，欲生致之，詬罵自刎死。我德知賊至，恐妻子受辱，驅一家二十七人登樓自焚。

挺生精星術，預卜十五年有寇禍，編茅河渚以居。賊蹤跡得之，語其妻梁氏曰：「此匹夫徇義之秋也。」夫婦對泣，詬賊而死。世濟與兄世舟並爲土寇于大中所執，將殺之。兄弟相抱泣，賊議釋其一，世濟卽奪賊刀自殺，世舟獲免。

佩玉者，御史興元孫也。崇禎末，中州盡殘，佩玉結遺民捍鄉井，與鄰寨相犄角，往往尾賊後，奪其輜重。賊憚之，不敢出其境。後大舉圍别寨，佩玉往救，力戰而死，里人聚哭之。

時寵有孝行。賊陷城，其父宗祀以年老不能行，命之速避，遂自殺。時寵慟哭，刺殺一子、三女，夫婦並自剄。其妹適歸寧，亦從死，一家死者八人。

方國儒，字道醇，歙縣人。四歲失父，奉母以孝聞。天啓元年舉於鄉。崇禎間，授保康知縣。流賊大入湖廣，將吏率望風先奔。保康小邑素無兵，七年正月賊至，國儒急率鄉兵出禦，力不支，城遂陷。亡何，賊退，國儒還入城。踰月復至，督吏民固拒。賊至益衆，復陷。國儒官服坐堂上，被執大罵，身中七刃死。

賊陷竹溪，訓導王紹正死之。穀城舉人常存畏會試赴京，道遇賊，欲劫爲首領，罵不絕口死。他賊犯興山，知縣劉定國堅守。城將陷，遣吏懷印送上官，罵賊死。

何承光，貴州鎮遠人。萬曆四十年舉於鄉。崇禎中，歷夔州同知。七年二月，賊由荊州入夔門，犯夔州。副使周士登在涪州，城中倉猝無備，通判、推官、知縣悉遁。承光攝府事，率吏民固守，力竭城陷。承光整冠帶危坐，賊入殺之，投屍於江。事聞，贈承光夔州知府。

自賊起陝西，轉寇山西、畿輔、河南、北及湖廣、四川，陷州縣以數十計，未有破大郡者，至是天下爲震動。

其他部自漢中犯大寧，知縣高日臨見勢弱不能守，齧指書牒乞援上官，率衆禦之北門。兵敗被執，大罵不屈，賊碎其體焚之。訓導高錫及妻女，巡檢陳國俊及妻，皆遇害。日臨，字儼若，鄱陽恩貢生。

賊陷夔州，他賊即以次日陷巫山，通江巡檢郭纘化陣沒，通江指揮王永年力戰死。至四月，守備郭震辰、指揮田實擊賊百丈關，兵敗被執，罵賊死。

龐瑜，字堅白，公安人。家貧，躬耕自給。夏轉水灌田，執書從牛後，朗誦不輟。由歲貢生授京山訓導。崇禎七年擢陝西崇信知縣。縣無城，兵荒，貧民止百餘戶。瑜知賊必至，言於監司陸夢龍，以無兵辭。瑜集士民築土垣以守，流涕誓死職。閏八月天大雨，土垣盡圮。賊掩至，瑜急解印遣家人齎送上官，端坐堂上以待。賊至，捽令跪。瑜罵曰：「賊奴敢辱官長！」拔刀脅之，罵益厲。賊掠城中無所有，執至野外，剖心裂屍而去。贈固原知州。

時賊盡趨秦中，長吏多殉城者。

山陽陷，知縣董三謨，黎平舉人也，及父嗣成、弟三元俱死之，妻李氏亦攜子女偕死。贈光祿丞，立祠，與嗣成、三元並祀，妻女建坊旌表。

吉永祚，輝縣人。爲鳳縣主簿，謝事將歸。會賊至，知縣棄城遁，永祚倡義拒守。城陷，北面再拜曰：「臣雖小吏，嘗食祿於朝，不敢以謝事逃責。」大罵死之。子士樞、士模皆死。敎諭李之蔚、鄉官魏炳亦不屈死。永祚贈漢中衞經歷，餘贈恤有差。

婁琇知涇州。閏八月，城陷死，贈太僕少卿。

蒲來舉知甘泉。賊來犯，守備孫守法等擁兵不救。城破，來舉手刃一賊，傷六賊而後死。贈光祿少卿。

呂鳴世，福建人。由恩貢生爲麟游知縣。兵燹後，拊居民有恩。城陷，賊不忍加害，自絕食六日卒。

有宋緒湯者，耀州諸生，被獲，大罵死。

尹夢鼇，雲南太和人。萬曆時舉於鄉。崇禎中知潁州。八年正月方謁上官於鳳陽，聞流賊大至，立馳還。賊已抵城下，乃偕通判趙士寬率民固守。城北有高樓瞯城中，諸生劉廷傳請先據之，夢鼇以爲然。而廷傳所統皆市人，不可用。賊遂據樓以攻，且鑿城，頹數丈，城上人皆走，止之不可。夢鼇持大刀，獨當城壞處，殺賊十餘人，身被數刃。賊衆畢登，遂投城下烏龍潭死，弟姪七人皆死之。

廷傳者，故布政使九光從子，任俠好義，亦罵賊死。九光子廷石分守西城，中賊刃未絕，口授友人方略，令繕牘上當事，旋卒。

士寬，字汝良，掖縣人。由門廕爲鳳陽通判，駐潁州。以正旦詣郡城，聞警，一日夜馳三百里返州。城陷，率家衆巷戰，力竭，亦投烏龍潭死。妻李攜三女登樓自焚，僕王丹亦罵賊死。鄉官尚書張鶴鳴、弟副使鶴勝、子大同，中書舍人田之穎，知縣劉道遠，光祿署正李生白，訓導丁嘉遇，舉人郭三杰，諸生韓光祖等，皆死之。

光祖，進士獻策父也，被執，賊捽使跪。叱曰：「吾生平讀書，止知忠義。」遂大罵。賊殺之，碎其屍。妻武偕一妹、一女並獻策妻李赴井死。妾李方有娠，賊剖腹剔胎死。次子定策、孫日曦罵賊死，獨獻策獲存。時被難者共一百三人，城中婦人死節者三十七人，烈女八人。潁州忠烈，稱獨盛云。

潁州衞隸河南，流賊至，指揮李從師、王廷俊，千戶孫升、田三震，百戶羅元慶、田得民、王之麟俱乘城戰死。賊既陷潁州，屠其民。其別部即以是月由壽州犯鳳陽。

鳳陽故無城，中都留守朱國相率指揮袁瑞徵、呂承廕、郭希聖、張鵬翼、周時望、李郁、岳光祚，千戶陳弘祖、陳其忠、金龍化等，以兵三千逆賊上窰山，多斬獲。俄賊數萬至，矢集如蝟，遂敗，國相自刎死，餘皆陣沒。賊遂犯皇陵，大肆焚掠。

知府顏容暄囚服匿於獄，釋囚獲之，容暄大罵，賊杖殺之。血浸石堦，宛如其像，滌之不滅。士民乃取石立塚，建祠奉祀。

推官萬文英臥病，賊索之。子元亨，年十六，泣語父曰：「兒不得復事親矣！」出門呼曰：「若索官，何爲？我卽官也。」賊縶之。顧見其師萬師尹亦被縶，紿賊曰：「若欲得者，官爾。何縶此賤隸？」賊遂釋之。元亨乃極口大罵。賊怒，斷脛死，文英獲免。

容暄，漳浦人。文英，南昌人。皆進士。一時同死者，千戶陳永齡、百戶盛可學等四十一人，諸生六十六人。舉人蔣思宸聞變，投繯死。

後給事中林正亨錄上其狀，贈夢龍光祿少卿，士寬光祿丞，餘贈卹有差。

盧謙，字吉甫，廬江人。萬曆三十二年進士。〔三〕授永豐知縣。擢御史，出爲江西右參政，引疾歸。崇禎八年二月，流賊犯廬江，士民具財帛求免，賊僞許之。俄襲陷其城，謙服命服，危坐中門。賊至，欲屈之，罵曰：「吾朝廷憲臣，肯爲賊屈邪？鼠輩滅亡在即，安敢無禮！」賊怒殺之，投屍於池，池水盡赤。舉人張受、畢尹周亦不屈被殺。

是年正月，賊陷霍丘，縣丞張有俊，教諭倪可大，訓導何炳，鄉官田旣庭、戴廷對，舉人王毓貞死焉。賊陷巢縣，知縣嚴覺被執不屈，一門皆死。

二月犯太湖，知縣金應元據城東大濠以守。奸人導賊渡濠，執應元，斫之未殊，自經死。訓導扈永寧亦死之。

謙贈光祿卿，餘贈卹如制。覺，歸安人。應元，浙江山陰人。皆舉人。

龔元祥，字子禎，長洲人。舉於鄉。崇禎四年爲霍山教諭，厲廉隅，以名教自任，與訓導姚允恭友善。八年，賊陷鳳陽，元祥偕縣令守禦。賊掩至，令逸去，元祥督士民固守。或勸之避，元祥曰：「食祿而避難，不忠。臨危而棄城，不義。吾平日講說者謂何？倘不測，死爾。」及賊陷城，元祥整衣冠危坐。賊至，侃侃諭以大義。賊欲屈之，厲聲曰：「死即死，賊輩何敢辱我！」賊怒，執之去，罵不絕口，遂遇害。子炳衡號呼罵賊，賊又殺之。閱五日，允恭斂其屍，即自縊，適令至，解免。越日，賊復入，允恭卒死之。事聞，贈元祥國子助教，建祠曰忠孝，以其子配。允恭亦被旌。

王信，陝西寧州人。父歿，廬墓三年。母歿，信年已六十，足不踰閾者三年。崇禎初，由歲貢生除靈璧訓導，遷眞陽知縣。八年二月出撫土寇，會流賊猝至，被執，使諭降羅山、眞陽。信大罵不從，斷頭剖腹而死。閱四日，其子來覓，猶舒指握子手。贈光祿丞，建祠奉祀。

史記言，字司直，當塗人。崇禎中舉人，由長沙知縣遷知陝州。陝當賊衝，記言出私財募士，聘少室僧訓練之。八年冬十一月，〔三〕流賊犯陝，記言禦之，斬數十級，生擒二十餘人。

老回回憤，率數萬人攻城，不克，乘雪夜來襲，而所練士方調他郡，城遂陷。記言縱火自焚，兩僧掖之出曰：「死此，何以自明？」乃越女牆下。賊追獲之，令降，叱曰：「有死知州，無降知州也！」遂被殺。指揮李君賜殺數賊而死。訓導王誠心，里居教諭張敏行、姚良弼，指揮楊道泰、阮我疆，鎮撫陳三元，亦不屈死。

是月，賊陷盧氏，知縣白楹自剄。十年九月陷澠池，知縣李邁林死之。

記言贈光祿少卿，餘贈卹有差。

梁志仁，南京人，保定侯銘之裔也。萬曆末年舉於鄉。崇禎六年授衡陽知縣，調羅田。賊大擾湖廣，志仁日夕儆備。羅汝才謂左右曰：「羅田城小易克，然梁君長者，吾不忍加兵。俟其去，當取之。」會邑豪江猶龍與賊通，志仁捕下獄。猶龍知必死，潛導汝才別校來攻。八年二月猝攻城。志仁急偕典史單思仁、教諭吳鳳來、訓導盧大受督民守禦。城陷，志仁持長矛巷戰，殺六賊。力屈被縶，抑使跪。罵曰：「我天子命官，肯屈膝賊輩邪！」賊怒，碎其支體，焚之。妻唐被逼，大罵，奪賊刀不得，口齧賊手，遂遇害。思仁等亦不屈死。汝才在英山，聞之，馳至羅田，斬其別校，曰：「奈何擅害長者！」以錦繡斂其夫婦屍。

鳳來，福建舉人。大受，寶慶貢生。詔贈志仁蘄州知州，思仁羅田主簿，鳳來國子助教，大受學錄，廕子，祭葬有差。

王國訓，字振之，解州人。天啓二年進士。歷知金鄉、壽張、滋陽、武淸。坐大計，久之，補調扶風。國訓性剛嚴，恥干進，故官久不遷。崇禎八年秋，賊來犯，偕主簿夏建忠、典史陳紹南、敎諭張弘綱、訓導陳繻嬰城固守。閱兩月，外援不至，城陷，罵賊死。建忠等亦不屈死。贈國訓光祿少卿，建忠等皆贈卹。

當是時，大帥曹文詔、艾萬年等並戰歿，賊勢益張，關中諸州縣悉殘破。八月，賊陷永壽，殺知縣薄匡宇。尋陷咸陽，殺知縣趙躋昌。

其時長吏以死聞者，隴州知州胡爾純，自經死。延長知縣萬代芳與敎諭譚恩、驛丞羅文魁協力守城，城陷皆死之。代芳妻劉、妾梁從死。爾純，山東人，贈光祿少卿。代芳贈光祿丞，妻妾建坊旌表。恩等亦賜祭。

有孫仲嗣者，膚施人，由貢生爲階州學正。當事知其才，委以城守。賊大至，盡瘁死守。城破，與妻子十餘人並死之。贈國子博士。又有楊呈秀，華陰人。由進士歷官順慶知府，大計罷歸。賊攻城，佐有司禦賊以死，贈恤如制。

黎弘業，字孟擴，順德人。由舉人知和州。崇禎八年，流賊犯和州，禦却之。十二月復至，與鄉官馬如蛟募死士，登陴固守。城將陷，弘業繫印於肘，跪告其母曰：「兒不肖，貪微官以累母，奈何！」母李泣諭曰：「汝勿以我爲意，事至此，有死而已。」遂自縊。妻楊、妾李及女四人繼之。弘業北面慟哭再拜，自刎未殊，濡頸血大書曰：「爲臣盡忠，爲子盡孝，何惜一死。」賊入，傷數刃而死。贈太僕少卿，任一子。

判官錢大用偕妻妾子婦俱死。吏目景一高被創死。學正康正諫，祁門人，舉人。偕妻汪、子婦章赴水死，贈國子監丞。訓導趙世選不屈死，贈國子學錄。

馬如蛟，字騰仲，州人。天啓二年進士。授浙江山陰知縣，有清操。崇禎元年徵授御史，劾罷魏忠賢黨徐紹吉、張訥。出按四川，蜀中奸民悉以他人田產投勢家，如蛟列上十事，永革其弊。還朝，監武會試。武舉董姓者，以技勇聞於帝，及入試，文不中程，被黜。帝怒，黜考官，如蛟亦落職。八年論平邦彥功，復故官，以父憂未赴。流賊至，如蛟傾貲募士，佐弘業固守。麾壯士出擊，兩戰皆捷。賊將奔，會風雪大作，不辨人色，守者皆潰，賊遂入城。如蛟急下令，能擊賊者，予百金，須臾得百餘人。巷戰，賊多傷，力屈，遂戰死。兄鹽運司判官如蚪、諸生如虹及家屬十四人皆死。事聞，贈太僕少卿，官一子。

張紹登，字振夫，南城人。崇禎中舉人，知應城縣。九年，賊來犯，偕訓導張國勛、鄉官饒可久悉力禦之。國勛曰：「賊不一創，城不易守。」率壯士出擊，力戰一日夜，斬獲甚衆。賊去，邑侍郎王瑊之子權結怨於族黨，怨家潛導賊復來攻。國勛佐紹登力守，而乞援於上官。副將鄧祖禹來救，守西南，國勛守東北，紹登往來策應。會賊射書索權，權懼，斬北關以出，賊乘閒登南城。紹登還署，端坐堂上，賊至，奮拳擊之。羣賊大至，乃被殺。賊渠歎其忠，以冠帶覆屍，埋堂側。

國勛，黃陂歲貢生。賊既入，朝服北面拜，走捧先聖神主，拱立以待。賊遂焚文廟，投國勛於烈焰中。祖禹亦不屈死。

可久，幼孤，事母孝，舉於鄉。知大興縣。崇禎初，疏請更三朝要典，時奄宦擅權，謫光祿典簿。遷應天府推官、刑部主事，歷知府，丁艱歸。賊入，語妻程曰：「臣死忠，婦死節，分也。」于是妻女相對自經。可久被執，賊强之拜，曰：「頭可斷，膝不可屈也！」遂遇害。域爲賊支解。

事聞，贈紹登尙寶少卿，國勛國子學正。

王燾，字濬仲，崑山人。少孤貧，九歲爲人後。族人有謀其產者，燾舉以讓之，迎養嗣祖母及母惟謹。萬曆末，舉於鄉，由教諭歷隨州知州。州經羣盜焚掠，戶不滿千。燾訓民兵，繕守具。土寇李良喬爲亂，殲滅之。

十年正月，大賊奄至。燾且守且戰，擊斬三百餘人。賊攻益力，相持二十餘日。天大風雪，守者多散。燾知必敗，入署，整冠帶自經。賊焚其署，火獨不及燾死所，屍直立不仆，賊望見駭走。已，覓州印，得之燾所立尺土下。事聞，贈太常少卿。福王時，賜謚烈愍，建雙忠祠，與同邑蔡懋德並祀。

有魏時光者，南昌人。善舞雙刀。崇禎九年夏，爲廣濟典史。邑遭殘破，長吏設排兵三百人，委之教練。其冬，賊據蘄州河口，憚時光不敢渡。時光益募死士，夜襲其營，手殺數賊，賊不敢逼。俄賊大至，部卒皆散，時光單騎據高坡，又殺數人。賊環繞之，靮斷被執，不屈死。其兄陳於上官，却不奏。兄憤發病死，友人收殮之，哭盡哀，曰：「弟爲國死，兄爲弟死，吾獨不能表暴之乎！」具牘力陳，乃奏聞。贈廣濟主簿，予恤典。

蔣佳徵，灌陽人。天啓四年舉於鄉。崇禎中，知盱眙縣，有聲。縣故無城，佳徵知賊必至，訓民爲兵。十年秋，賊果來犯，設伏要害，親率兵往誘，賊殲甚衆。賊怒，環攻之，力戰死。母聞之，亦投繯死。兵部議贈奉訓大夫、尙寶少卿。未幾，巡按御史言佳徵子忠母義，宜賜謚廕，以植倫常。乃建表忠祠，幷母奉祀。

同時江北死難者，有吳暢春。崇禎八年爲潛山天堂寨巡檢，練鄉兵防賊。明年冬，賊至，夜設燎，大驚去之。踰年，賊再至，暢春死守，力屈，仰天歎曰：「吾得死所矣！」手刃數賊，被執不屈死。贈迪功郎、安慶府經歷，廕子所鎭撫。

又有王寅，錢塘人。膂力絕人，舉武鄉試，以父征播功爲千戶。崇禎中，擢撫標守備。見步卒尫弱，詫曰：「曩戚將軍練浙兵，聞天下，今若爾邪！」督敎之，卒始可用。十年遷龍江都司，調赴泗州護祖陵。賊來犯，寅曰：「賊衆我寡，及其未集，可破也。」擐甲疾趨，至盱眙，斬其先鋒一人。戰自午迄申，賊來益衆，與守備陳正亭陷陣死。贈鎮國將軍、都指揮僉事。正亭贈昭勇將軍、指揮使。並官一子。

徐尚卿，南平人。舉於鄉，知劍州。崇禎十年十月，李自成、惠登相等以數十萬衆入四川，大將侯良柱敗歿於廣元，遂攻陷昭化，知縣王時化死之。尚卿知賊必至，集士民泣曰：「城必不能守，若輩速去，吾死此。」衆泣，請偕去，尚卿不可。閱二日，城陷，投繯死，吏目李英俊從之。賊遂長驅陷江油、彰明、安縣、羅江、德陽、漢州，吏民皆先遁。尋掠郫縣，主簿張應奇死之。陷金堂，典史潘孟科死之。〔四〕

是月也，賊陷州縣三十六，以死事聞者四人。事定，贈尚卿右參議，時化光祿丞，應奇按察司知事，孟科將仕郎，並賜卹典。時化，湖廣人，舉鄉試第一。

阮之鈿，字實甫，桐城諸生。崇禎中，下詔保舉人才，同郡諭德劉若宰以之鈿應，授穀城知縣。

十一年正月，之鈿未至，張獻忠襲陷其城，據以求撫。總理熊文燦許之，處其衆數萬於四郊，居民洶洶欲竄。之鈿至，盡心調劑，民稍安，乃上疏言：「獻忠虎踞邑城，其謀叵測。所要求之地，實兵餉取道咽喉，秦、蜀交會脈絡，今皆爲所據。奸民甘心效用，善良悉爲迫脅。臣守土牧民之官，至無土可守，無民可牧。庫藏殫虛，民產被奪，無賦可徵。名雖縣令，實贅員爾。乃廟堂之上專主撫議，臣愚妄謂撫剿二策可合言，未可分言，致損國威，而挫士氣。」時不能用。賊衆漸出野外行劫，之鈿執之以告其營將，稍置之法。及再告，皆不應，曰：「官司不給餉耳，得餉自止。」由是村民徙亡殆盡，遂掠及闤闠。稍拒，輒挺刃相向，日有死者，一城大囂。監軍僉事張大經奉文燦令來鎭撫，亦不能禁。

明年，獻忠反形漸露，之鈿往說之曰：「將軍始所爲甚悖，今幸得爲王臣，當從軍立功，垂名竹帛。且不見劉將軍國能乎？天子手詔進官，厚賚金帛，此赤誠效也。將軍若疑天朝有異論，之鈿請以百口保。何嫌何疑，而復懷他志。」獻忠素銜之鈿，遂惡言極罵之。之鈿憂憤成病，題數語於壁，自誓以死，遂不視事。

至五月，獻忠果反，劫庫縱囚，毀其城。之鈿仰藥未絕，獻忠遣使索印，堅不予，賊遂殺之。旋縱火焚公署，骸骨爲燼。而大經爲賊劫去，不能死。迨瑪瑙山戰敗，偕賊將曹威等出降，士論醜之。之錮後贈尚寶少卿。

郝景春，字和滿，江都人。舉於鄉，署鹽城教諭，坐事罷歸。起陝西苑馬寺萬安監錄事，量移黃州照磨，攝黃安縣事。甫三日，羣賊奄至，堅守八日夜，始解去。

崇禎十一年，擢知房縣。羅汝才率九營之衆請降於熊文燦，文燦受之。汝才猶豫，景春單騎入其營，偕汝才及其黨白貴、黑雲祥歃血盟。汝才詣軍門降，分諸營於竹谿、保康、上津，而自與貴、雲祥居房縣之野。當是時，鄖陽諸屬邑，城郭爲墟，獨房賴景春拊循，粗可守。及大衆雜處，居民日惴惴。景春乃與主簿朱邦聞、守備楊道選修守具，輯諸營。

明年五月，張獻忠反穀城，約汝才同反。景春子鳴鑾，諸生也，力敵萬夫，謂父曰：「吾城當賊衝，而羸卒止二百，城何以守？」乃擐甲詣汝才曰：「若不念香火盟乎？愼毋從亂。」汝才佯諾。鳴鑾覺其僞，歸與道選授兵登陴，而獻忠所遣前鋒已至，擊斬其將上天龍。遣使縋城乞援於文燦，凡十四往，不報。

已而賊大至，獻忠兵張白幟，汝才兵張赤幟，俄二幟相雜，環城力攻。貴、雲祥策馬呼曰：「以城讓我，保無他也。」獻忠又以張大經檄諭降，景春大罵碎之。鳴鑾且守且戰，閱五日，賊多死。乃負板穴城，城將崩，鳴鑾熱油灌之。又擊傷獻忠左足，殺其所愛善馬。乃用間入賊壘，陰識獻忠所臥帳，將襲擒之。指揮張三錫啓北門揖汝才入，道選巷戰死。大經使汝才說景春降，怒不答。問庫藏儲蓄安在，叱曰：「庫藏若有物，城豈爲汝陷！」賊怒，殺一典史、一守備恐之，卒不屈，與鳴鑾俱被殺。僕陳宜亦死之。邦聞及其家人並不屈死。事聞，贈景春尙寶少卿，建祠奉祀，道選等亦贈卹。已，帝召見輔臣賀逢聖，備述其死事狀，改贈太僕少卿。三錫後爲官軍所獲，磔死。

張克儉，字禹型，屯留人。崇禎四年進士。授輝縣知縣。六年春，賊犯武安，守備曹鳴鶚戰死，遂犯輝縣。克儉乘城固守，賊不能下，屯百泉書院，三日而去。遷兵部主事，被薦召對，稱旨。

十二年擢湖廣僉事，監鄖、襄諸軍。楊嗣昌鎭襄陽，深倚仗之。張獻忠、羅汝才之敗也，小秦王、渾世王、過天星等皆降，嗣昌處之房、竹山中，命克儉安輯。而諸賊得免死牌，莫肯散，自擇便地，連營數百里。時河南、北大饑，流民就食襄、漢者日數萬，降卒多闌入流民中。克儉深憂之，上書嗣昌曰：「襄陽自古要區，本朝莞鑰獻陵，睠昔尤重。近兩河饑民雲集，新舊降丁逼處其間，一夫叫呼，即足致亂。況秦兵以長、武之變，西歸鄖、房。軍府粗立，降營棊置，奚啻放虎自衞。紫、漢、西、興，初無重門之備，何恃不恐。」嗣昌不以爲意，報曰：「昔高仁厚六日降賊百萬，迄擒阡能，監軍何怯耶？」及嗣昌入蜀，委克儉以留務。錄破賊功，加右參議，監軍如故。未幾，以本官移守下川南道，鄖陽巡撫袁繼咸奏留之。

十四年二月擢右僉都御史，巡撫河南。未聞命，獻忠令人假督府軍符詭入襄陽城。克儉不能辨，夜分，賊從中起，焚襄王府。克儉倉皇奔救，爲賊所執，大罵死。推官鄺曰廣、攝縣事李大覺、游擊黎民安死焉。

曰廣，番禺人。崇禎十年進士。居官有守。奉檄覈軍儲於荆州，甫還任而難作，中刃死，妻子女俱遇害。大覺，字覺之，金谿人。由鄉舉知穀城，兼署襄陽縣。聞變，繫印於肘，縊死堂上。民安，大覺同縣人。城中火起，率所部千餘人搏戰，矢盡被縛，抗罵死。獨知府夏邑王承曾遁免。

初，獻忠敗於瑪瑙山，其妻敖氏、高氏被獲，他將搜山，又獲其軍師潘獨鰲，皆繫襄陽獄。承曾年少輕佻，每夕托問賊中情形，與獻忠二妻笑語。獄吏又多納賊金，禁防盡弛，獨鰲等脫桎梏恣飲。嗣昌移牒戒之，承曾笑曰：「是豈能飛至耶？」及是，獨鰲果從獄中起，承曾率衆奪門走。事聞，命逮治。時河南亦大亂，久逮不至，未知所終。

徐世淳，字中明，秀水人。父必達，字德夫，萬曆二十年進士。知溧水縣，築石臼湖隄，奏除齊泰姻戚子孫軍籍二十六家。累遷吏部考功郎中，與吏科給事中儲純臣同領察事。純臣受贓吏賕，當大計日，必達進狀請黜純臣，面揖之退，一座大驚。遷光祿丞，陳白糧利弊十一事，悉允行。進少卿，巡漕御史孫居相以船壞不治，請雇民船濟運，必達爭止之。天啓初，以右僉都御史督操江軍。白蓮賊將窺徐州，必達募銳卒會山東兵擊破之。遷兵部右侍郎，以拾遺罷歸，卒。

世淳，崇禎中舉人。十三年冬，歷隨州知州。州嘗被賊，居民蕭然。世淳知賊必復至，集士民誓以死守。會歲大荒，士多就食粥廠，嘆曰：「可使士以餒失禮乎？」分粟振之。潰兵過隨索餉，世淳授兵登陴，而單騎入見軍帥曰：「軍食不供，有司罪也。殺我足矣，請械我以見督師。」帥氣奪，斂衆去。

明年三月，張獻忠自襄陽來犯，世淳寢食南城譙樓，曉夜固守，告急於巡撫宋一鶴。一鶴遣兵來援，爲監司守承天者邀去。守月餘，援絕力窮，賊急攻南城，而潛兵墮北城以入。

世淳命子肇梁蘸印厲後，勒馬巷戰，矢貫頤，耳鼻橫斷，墜馬，亂刃斫死。肇梁奔赴，且哭且罵，賊將殺之，呼州人告以蘸印處，乃死。世淳妾趙、王及臧獲十八人皆死。後贈太僕少卿，建祠，以肇梁袝。

隨自十年正月陷，及是再陷，至七月復陷，判官余塙死焉。三陷之後，城中幾無孑遺。

校勘記

〔一〕孟津孫挺生　孟津，原作「孟澤」，據明史稿傳一六七李中正傳改。按本書卷四二地理志，孟津屬河南河南府，與傳文地域相符。

〔二〕萬曆三十二年進士　三十二年，原作「三十三年」，據本書卷二一神宗紀、明史稿傳一六七盧謙傳、明進士題名碑録甲辰科改。

〔三〕八年冬十一月　本書卷二三莊烈帝紀、懷陵流寇始終録都繫破陝州於八年十月。

〔四〕典史潘孟科死之　潘孟科，本書卷三〇九李自成傳、明史稿傳一六七徐尚卿傳作「潘夢科」。

明史卷二百九十三

列傳第一百八十一

忠義五

武大烈，臨潼人。舉天啓七年鄉試。崇禎中，授永寧知縣。奸人倚萬安郡王恣不法，大烈痛懲之。十三年十二月，李自成自南陽陷宜陽，知縣唐啓泰被害，遂攻永寧。大烈與鄉官四川巡撫張論協力捍禦。論歿，子吏部郎中鼎延及從父治中讚繼之。有獄囚勾賊入，都司馬有義棄城走。大烈、鼎延等固守三日，賊夜半登城，執大烈。自成以同鄉欲活之，大烈不屈，索印又不予，乃燔灼以死。鼎延匿眢井免。讚及子國學生祚延死之。主簿魏國輔、教諭任維清、守備王正己、百戶孫世英並不屈死。萬安王采鏗亦被害。

賊移攻偃師，一日而陷。知縣徐日泰大罵不屈，爲賊臠割死。啓泰，掖縣人。日泰，金谿人。並起家鄉舉。

明年正月，賊陷寶豐，知縣朱由械死之。陷密縣，知縣朱敏汀及里居太僕卿魏持衡、舉人馬體健死之。由械，益府鎭國將軍常澈子，敏汀亦宗室，並由貢生。敏汀妾張，一女一孫及臧獲數人俱死，與由械並贈僉事。

是月，陷洛陽，鄉官來秉衡、劉芳奕、常克念、郭顯星、韓金聲、王明、楊萃、荀良翰等抗節死。秉衡，天啓四年舉於鄉，未仕。城陷，爲賊將劉宗敏所執，令易服，欲官之，不可。羈南郊民舍，顧見其友，謂之曰：「賊勒我以官，我義不受辱，恨母老子幼，死不瞑目爾。」賊聞，燒鐵索加其脛，終不從，遂被殺，幷其母劉、妾吳及幼子俱殺之。芳奕，慷慨負智略，與秉衡同舉於鄉，爲昌樂知縣。解官歸，歲大歉，人相食，傾囊濟之。賊漸逼，集義士爲干城社，佐有司保障。及城陷，縊死西城戍樓。克念舉進士，爲平陽推官，有聲。顯星舉於鄉，爲翰林待詔。

金聲、明，皆進士。金聲官邯鄲知縣，明官行人。萃、良翰皆舉人。萃官辰州知府，良翰未仕。

錢祚徵，字錫吉，掖縣人。崇禎中，由鄉舉歷官汝州知州。汝爲流賊往來孔道，土寇又竊據山中。祚徵欲先除土寇，募壯士千人訓練，而遣人爲好言招撫，夜半取間道直擣其巢，寇大敗。乃令民千家立一大寨，有急鳴鉦相救，寇勢衰息，其魁遂降。十四年正月，李自成驟來犯，祚徵乘城守，身中流矢，守益力。月餘，大風霾，礮炸樓焚，城遂陷，罵賊而死。汝人立廟祀之。

盛以恒，潼關衞人。崇禎十三年舉人。知商城縣。視事月餘，流賊突至，却之。明年，張獻忠陷襄陽，鄰境大恐。以恒已遷開封同知，將行，士民懇留之，乃登陴，與鄉官楊所修、洪胤衡、馬剛中、段增輝共城守。二月中，賊奄至，適雨雪，守者凍餒不能戰。以恒督家衆射賊十七人墜馬，賊怒，併力攻，矢中以恒右額，猶裹創拒敵。賊登北城，家衆巷戰死且盡，乃被執，罵賊不屈，爲賊支解。孫覺及典史呂維顯、教諭曹維正皆死。

所修，故魏忠賢黨也。歷左副都御史，入逆案，贖徒爲民，至是罵賊死。胤衡，萬曆中進士。歷官陽和兵備副使，分守北門，力戰死。剛中，字九如。崇禎七年進士。除大同知縣，行取授檢討，乞假歸。賊入，大罵，被磔死。增輝，字含素，爲諸生以學行稱。朝廷下保舉令，被薦，不樂爲吏，擬除教授，未謁選歸。遇變，罵賊死。

賊既陷商城，〔一〕卽疾驅犯信陽。城陷，知州高孝誌，訓導李逢旭、程所聞，里居靜海知縣張映宿死之。其陷光山，典史魏光遠亦死之。所司請贈卹，未報。

十五年七月，帝下詔曰：「比州縣有司不設守備，賊至卽陷，與衝鋒陷陣，持久力詘者殊科。若槪援天啓間例，優予贈廕，何由旌勸勞臣。自今五品以下，止贈監司，四品及方面，始贈京卿。著爲令。」乃贈以恒副使，孝誌參議，維顯等贈卹有差。天啓中，州縣長吏殉難者，率贈京卿，廕錦衣世職，賜祭葬，有司建祠。崇禎初，改廕國子生，俾之出仕，而京卿之贈如故，至是始改贈外僚云。

顏日愉，字華陽，上虞人。萬曆中，舉於鄉。崇禎初，除知葉縣，有惠政，爲上官所惡，劾罷。部民爭詣闕訟冤，乃獲敍用。後爲靜寧知州。羅賊亂，馳請固鎭五道兵合勦。而先率敢死士數人招諭之，賊弛備，遂遣精卒擣其營，賊倉皇潰，斬數百級。黎明，五道兵繼至，復大破之。遷開封同知。流賊勢方熾，上官以南陽要衝，舉日愉爲知府，大治守具，人心稍固。

十四年五月，賊猝至，百餘人冒雨登城。日愉擊殺之幾盡，餘賊引去，城獲全。日愉手中一矢，頭項被二刃，死城上。事聞，贈太僕卿。

賊既不得志去，遂縱掠旁近州縣。其冬再圍南陽，攻陷之，參議艾毓初死焉。

毓初，字孩如，米脂人，戶部侍郎希淳曾孫也。崇禎四年進士。授內鄉知縣。生長邊陲，習戰事。六年冬，流寇來犯。埋大礮名「滾地龍」者於城外，城中燃線發之，賊死無算，遂解去。內鄉與鄰邑淅川多深山邃谷，爲盜窟，民居懍懍。毓初至，爲設守備，民得少安。

明年冬，唐王聿鍵上言：「祖制，親王所封地，有司早晚必謁見。今艾毓初等皆不謁。」帝怒，悉逮下法司，而敕禮部申典制。已而王被逮，毓初獲補官。屢遷至右參議，分守南陽，與日愉却賊有功。自成用宋獻策計，欲取南陽以圖關中，復率大衆來寇。毓初偕總兵官猛如虎等堅守。賊攻入南門，會總督楊文岳援軍至，賊引退。文岳去，賊復攻之，食盡援絕，毓初題詩城樓，遂自縊。南陽知縣姚運熙、主簿門迎恩、訓導楊氣開亦死之。

明年十月，自成再陷南陽，知府丘懋素罵賊不屈，闔門被害。是月，賊過扶溝，衆議城守，舉人劉恩澤初嘗以策干當事，多見用。縣令騃不解事，恩澤痛哭曰：「吾不幸從木偶人死。」自題樓壁曰：「千古綱常事，男兒肯讓人。」明日，城陷，擲樓下以死。

潘弘，字若稚，淮安山陽人。起家貢生。崇禎十三年爲舞陽知縣。時流賊披猖，土寇亦間發，弘數討敗之。明年十一月，李自成、羅汝才旣陷南陽，縱兵覆所屬州縣，將攻舞陽，弘諭士民共拒。諸生慮賊屠城，請委曲紓禍，弘叱之去。賊薄城，發礮擊之，多斃。有小校善射，屢却賊。諸生潛遣人約降，賊復至。弘作告先聖文，自誓必死。諸生潛開門，縛弘以獻。賊索印，弘不予。脅降，怒罵不屈，乃支解之。子澄瀾痛憤大哭，投井死。

時鄧州、鎭平、內鄉、泌陽、新野相繼陷。鄧州知州劉振世，吏目李國璽，千戶余承廕、李錫，諸生丁一統、張五美、王鍾、王子章、海寬、傅彥皆抗節死。鎭平知縣成縣鍾其碩被執，罵賊死。內鄉知縣南昌龔新、新野知縣四川韓醇，並不屈死。

泌陽凡再陷。是年五月，張獻忠破信陽，獲左良玉旗幟，假之以登城。知縣雲南南寧王士昌懷印端坐，被縛，謾罵死。臨昌姚昌祚代之，甫數月，復陷。昌祚手斬數賊，力屈死。

典史雷晉暹率捕卒戰死。又有武職王衍范、錢繼功、海成俱死難。而鄧州於十年春爲張獻忠所破，知州孫澤盛、同知薛應齡皆戰死，至是亦再陷云。

陳豫抱，舞陽人。母段早寡，撫豫抱及其弟豫養、豫懷，皆爲諸生，力田好學，善承母志。崇禎十四年，流賊陷舞陽，母先赴井，三子從之。豫抱妻黃攜其子默通，豫養妻馬攜子默恒、默言俱從之。三世九人，一時盡節。

時郡邑諸生死者甚衆，錄其著者。內鄉許宣及二弟宋、宮，慷慨好義。賊陷鄧州，宣兄弟結里中壯士，直入其城，擒僞官，堅守許家寨。賊怒，攻破之，宋從母常先投井死，宣、宮皆詈賊被殺，宮妻鍾、宋妻陳並自經，其妹亦罵賊被殺。時稱「許氏七烈」。

賊之攻偃師也，張鯱粹率二子佐有司固守，城陷，大罵，俱被殺。妻藺與三女、二孫悉赴井死。賊殺武同芳母，同芳噴血大罵，支解而死。劉芳名、劉芳世、藺之粹、喬于昆、藺完穦、王光顯、喬國屏、王邦紀、藺相裔、張一鷺、張一鵬、牛一元皆抗節死。芳名、完穦妻皆張氏，與邦紀妻高並從死。一鷺、一鵬父亦罵賊死。

唐縣許曰琮，早喪父。母歿，廬墓三年。城破，遁居南山。賊徵之不出，脅以死，鐫其背曰「誓不從賊」，遂嘔血而死。

劉振之，字而强，慈谿人。性剛方，敦學行，鄉人嚴重之。崇禎初，舉於鄉，以教諭遷鄢陵知縣。十四年十二月，李自成陷許州。知州王應翼被害，都司張守正，鄉官魏完眞，諸生李文鵬、王應鵬皆死。自許以南無堅城。有奸人素通賊，倡言城小宜速降，振之怒叱退之。典史杜邦舉曰：「城存與存，亡與亡，人臣大義，公言是。」振之乃與集吏民共守。賊大至，城陷，振之秉笏坐堂上。賊索印，不與，縛置雪中三日夜，罵不絕口，亂刃交下乃死。

初，振之書一小簡，藏篋中，每歲元旦取視，輒加紙封其上。及死，家人發篋，乃「不貪財、不好色、不畏死」三語也，其立志如此。贈光祿寺丞。

邦舉，富平人。許被屠，鄢陵人恟懼，守者或遁走，邦舉捕得，斬以徇。及城陷，自成欲降之，邦舉罵曰：「朝廷臣子，豈爲賊用！」賊抉其舌，含血噴之，遂遇害。

開封屬邑多陷，殉難者，有費曾謀、魏令望、柴薦禋、楊一鵬、劉孔暉、王化行、姚文衡之屬。

曾謀，鉛山人，少師宏裔也。由鄉舉知通許，甫四旬，賊猝至。曾謀召父老曰：「我死，若輩以城降，可免屠戮。」北向再拜，抱印投井死。令望，字于野，武鄉人。舉進士，授商丘知縣，調太康。寇至，固守不下。賊怒，攻破之，屠其城，令望闔門自焚。薦禋，江山舉人，知淯川，城陷，大罵死。一鵬，河津人。舉崇禎九年鄉試，爲尉氏知縣，甫數月，攻聲四起。城破，罵賊死。孔暉，邵陽人。舉天啓元年鄉試，知新鄭，固守不能支，遂死之。士民祀之子產祠。化行，知商水，城陷，被殺。代者文衡，涖任數月，賊復至，攜印赴井死。

其小吏，則臨潁千總賈蔭序、長葛典史杜復春，鄉居則長葛舉人孟良屏、諸生張範孔等，汜水舉人張治載、馬德茂，皆死之。

李乘雲，高陽人，舉於鄉。崇禎初，〔三〕知浮山縣。流賊數萬來寇，乘雲手發一矢斃其魁，衆遂遁。屢遷山西僉事。十四年秋，以才調河南大梁道，駐禹州。十二月，李自成連陷鄢陵、陳留諸縣，遂寇禹州。乘雲誓死固守，賊多斃於礮。俄以十萬衆攀堞登，執乘雲使跪，乘雲怒叱賊，賊捽而杖之，大罵不絕聲。縛諸樹攢射之，罵不已，斷其舌，亂刃交下而死。贈光祿卿。州先有徽王府，嘉靖時，王載埨有罪，爵絕，而延津等五郡王皆被難。

明年，賊犯開封，監軍主事余爵、監軍僉事任棟先後戰死。

棟，永壽人，由貢生爲萊州通判。崇禎四年，李九成等叛，棟佐知府朱萬年共守。萬年與巡撫謝璉爲賊所誘執，棟與同知寇化、掖縣知縣洪恩炤助大帥楊御蕃力拒。圍解，論功進秩，屢遷保定監軍僉事。十四年從總督楊文岳南征，鳴皋鎭之捷，與有功。尋與總兵虎大威破賊平峪，再破之鄧州。明年正月，從解開封圍。尋戰郾城，大捷。後從援開封，會左良玉大潰於朱仙鎭，賊來追，棟力戰，歿於陣。

余爵，禹州人。崇禎元年進士。歷知撫寧、章丘。遷職方主事，罷歸。楊嗣昌出督師，請爵以故官參謀軍事。嗣昌入蜀，命與張克儉同守襄陽。城陷，爵脫走，從督師丁啓睿於河南，破賊鄧州。十五年，開封圍急，監左良玉軍往援，戰敗被執，罵賊死。姪敦華亦遇害。棟贈太僕卿，爵太僕少卿。

闞永傑，字人孟，鞏昌衞人。世官百戶。永傑好讀書，每遇忠義事，輒書之壁。狀貌奇偉，類世人所繪壯繆侯像。崇禎四年會試入都，與儕輩遊壯繆祠。有道士前曰：「昨夢神告：『吾後人當有登第者，後且繼我忠義，可語之。』」永傑愕然，頗自喜。已果登第，授開封推官，强植不阿，民畏愛之。憂歸，起官紹興。遷兵部主事，督師楊嗣昌薦其才，請用之軍前，乃擢睢陳兵備僉事，駐陳州。陳故賊衝，歲被蹂躪，永傑日夜爲儆備。

十五年二月，李自成數十萬衆來攻，永傑與知州侯君擢、鄉官崔泌之、舉人王受爵等率士民分堞守。賊遣使說降，斬其頭，懸之城上。賊怒，攻破之，永傑格殺數賊，身中亂刃而死。君擢，字際明，成安人，起家舉人。城圍時，身先士卒，運木石擊賊，城濠皆滿。後被縛，罵不絕口死。泌之，鹿邑人。進士。知雄縣，調清苑，多所建豎。舊令黃宗昌爲御史，劾周延儒，延儒屬保定知府摭宗昌罪。知府以屬泌之，泌之曰：「殺人媚人可乎！」知府愧且怒。會泌之遷戶部主事，知府謂其侵隱錢糧三萬，不聽行。御史行部至，泌之直前與知府角。御史以聞，下獄遣戍，久之釋還。至是，遭變，用鐵杖斃賊數人，自剄死。守備張鷹揚力戰被擒，不屈。受爵亦擊殺數賊，大罵。並死之。

贈永傑光祿卿，君擢右參議，泌之復故官。受爵，宛平知縣。

有龔作梅者，年十七，父母俱亡，殯於舍。賊火民居，作梅跪柩前焚死。

張維世，太康人。萬曆四十四年進士。歷平陽知府，捕治絳州奸猾數十人，遷副使。累官右僉都御史，代陳新甲巡撫宣府，視事甫旬日，坐失防，削籍遣戍，已而釋還。崇禎十五年二月，李自成陷睢州，犯太康。維世佐知縣魏令望竭力拒守。城陷，抗節死。

時中州縉紳先後死難者甚衆。十三年，登封土寇李際遇因歲饑倡亂，旬日間衆數萬。前鳳陽通判姚若時居魯莊，被執，誘之降，大罵死。族諸生不顯亦死之。若時子諸生城，思報父讎，數請兵討賊。賊執之於路，亦抗罵死。陝州趙良棟，仕蓬萊敎諭，罷歸，寓澠池。寇陷澠池，父子挺身罵賊死，子婦與孫亦赴井以殉。陝州之陷，平定知州梁可棟大罵而死，淮安同知萬大成投井死。商水陷，臨汾知縣張質抗賊死。西平陷，懷仁知縣楊士英死之，子婦王亦死。睢州陷，太平知府杜時髦不屈死。時髦，字觀生，崇禎七年進士。息縣陷，賊召前項城敎諭王多福欲官之，堅拒不赴。賊逼之，投繯死。

其後以國變死者，有洛陽阮泰，知廣靈，解職歸。聞京師陷，不食死，妻朱氏從之。睢州楊汝經，崇禎十年進士。授戶部主事，擢井陘兵備僉事。十七年，甘肅陷，巡撫林日瑞殉難，超拜汝經右僉都御史代之。行次林縣，聞京師陷，將赴南京，至東明，率壯士百餘騎還討林縣僞官。遇賊，戰敗被執。僞官釋其縛，屢說之降，不從，斃之獄。

王世琇，字崑良，清苑人。崇禎十年進士。授歸德推官，遷工部主事。十五年二月，李自成陷陳州，乘勝犯歸德。世琇將行，僚屬邀共守，慨然曰：「久官其地，臨難而去之，非誼也。」遂與同知顏則孔、經歷徐一源、商丘知縣梁以樟、敎諭夏世英、里居尚書周士樸等誓衆堅守。賊攻圍七日，總督侯恂家商丘，其子方夏率家衆斬關出，傷守者，衆遂亂。賊乘之入，世琇、則孔並遇害。則孔女聞之，卽自縊。一源分守北城，殺賊多，城陷，巷戰，罵賊死。以樟中賊刃，久而復甦，妻張及子女僕從皆死，以樟竟獲免。世英持刀罵賊，死於明倫堂，妻石亦自刎。

同死者，尙書士樸，工部郎中沈試，主事朱國慶，中書侯忻，廣西知府沈仔，威縣知縣張儒及舉人徐作霖、吳伯胤、周士美等六人，官生沈佖、侯晙等三人，貢生侯恒、沈誠、周士貴等八人，國學生侯悰、沈倜等四人，諸生吳伯裔、張渭、劉伯愚等一百十餘人。試，商丘人，大學士鯉之孫。作霖、伯胤、伯裔、渭、伯愚，皆郡中名士。則孔，忻州人。一源，海鹽人。世英，祥符人。士樸自有傳。賊既破歸德，尋陷鹿邑，知縣紀懋勛死之。陷虞城，署縣事主簿孔亮死之。

許永禧，曲沃人。由鄉舉爲上蔡知縣，多惠政。性耿介，嚬笑無所假。崇禎十五年春，李自成遣數騎抵城下，脅降，永禧卽督吏民城守。賊大呼曰：「今日不降，明日屠！」衆懼，永禧嘆曰：「賊勢披猖，彈丸邑豈能守，吾一死盡職而已！」衆皆泣。明日，賊果大至，守者驚潰。永禧具袍笏，北面再拜，據案秉燭端坐。賊入，遂自剄。

時西平、遂平先後皆陷。西平知縣高斗垣，繁峙人。崇禎十二年由貢生授官。爲人孤鯁，以淸愼得名。城陷，被執不屈死。遂平知縣劉英，貴州貢生，誓衆死守。城陷，罵賊死。上蔡旣陷，有官篆者，以汝寧通判往攝縣事。城中民舍盡燬，篆廣招流亡，衆觀望不敢入。會左良玉駐城南，兵士恣淫掠，衆始入城依篆。村民遭難來愬，篆卽入良玉營，責以大義，奪還之。悍卒挾弓刃相向，篆坦腹當之，不敢害，民獲完家室者甚衆。是年冬，汝寧陷，賊黨賀一龍掠地上蔡。譌傳土寇剽掠，篆出禦之，陷陣死。篆，膠州人，起家任子。

李貞佐，字無欲，安邑人。少受業同里曹于汴之門，以學行著，後舉於鄉。崇禎十四年除知郟縣。初，李自成焚掠至郟，土寇導之，害前令邵可灼。貞佐至，則練鄉兵，括土寇財充餉，時出郊勞耕者，月課士。邑有姊妹二人抗賊死，拜其冢，祀以少牢。民王錫胤有孝行，造廬禮之。士民大悅。

明年二月，自成復來寇，貞佐集衆死守。汝州吏目顧王家，仁和人，撫賊有功，當遷，汝人乞留以助之。城陷，貞佐走拜其母曰：「兒不忠不孝，陷母至此。」有勸微服遁者，不可，賊執之去，大罵。見賊殺人，輒厲聲曰：「驅百姓固守者，我也，妄殺何爲！」賊割其舌，支解而死，母喬亦死。友人王昱，相隨不去，賊義之。昱收葬貞佐於南郊。歲寒食，鄉人傾邑祭奠，廣其冢至二畝餘。贈河南僉事。王家亦大聲叱賊，賊亂刃斫死。子國誘賊發金墉墓間，用巨石擊殺之，賊遂盡殺郟人。

郟有陳心學者，授知縣，不謁選而歸。其友周卜曆舉鄉試，知內黃，以父喪歸里。自成陷郟，執兩人欲官之，心學不從被殺。自成謂卜曆曰：「爲我執知縣來，可代汝死。」曰：「戕人以利己，仁者不爲。」賊怒，幷殺之。

汝所轄四邑並陷。寶豐知縣張人龍，遵化人。城陷，不屈死。妻年少，悍奴四人欲亂之。妻飲以酒俾極歡，潛遣婢告丞尉，捕殺奴，乃扶櫬旋里。魯山知縣楊呈芳，山海衞人，有惠政。練總詹思鸞與進士宗麟祥等謀不軌，呈芳捕斬之。城陷，死。伊陽知縣孔貞璞，曲阜人。賊薄城，以守禦堅，解圍去。他日有事汝陽，道遇賊，被執，亦不屈死。

寶豐之陷也，舉人李得笥短衣雜衆中，爲所執。賊謀主牛金星者，故舉人也，勸賊重用舉人，賊所至獲舉人，即授以官。得笥終不自言，賊莫知其爲舉人也，役使之，不肯，伺賊寐將刺之，賊覺，被殺。或告賊曰：「此舉人也。」賊懼，棄其屍而去。

時中州舉人盡節者，南陽張鳳翮、王明物，洛陽張民表，永城夏云醇，商城佘容善，光州王者瑄，光山胡植，嵩縣王翼明，並罵賊死。

魯世任，字媿尹，垣曲人。性端方，事親孝。從安邑曹于汴學，又交絳州辛全，學日有聞。天啓末舉於鄉。崇禎十年知鄭州，建天中書院，集士子講肄其中，遠近從學者千人。十三年秋，給事中范士髦薦世任及臨城諸生喬己百、內丘太原通判喬中和於朝，稱爲德行醇儒，堪繼薛瑄、陳獻章之後。乞召試平臺，置左右備顧問，不報。十五年，流賊來犯，世任勒民兵禦之河干，戰敗自剄死。士民祀之書院中。

其年正月，賊陷襄城，知縣曹思正被殺，訓導張信罵賊不屈死，典史趙鳳豸拒賊死。復陷西華，知縣劉伯驂懷印投井死。明年，汜水陷，知縣周騰蛟亦死焉。

伯驂，河間人。由歲貢生得官。賊信急，遣妻奉母歸。及城被困，有勸出降者，立斬之，登陴死守。賊驅其下爲十覆迭攻之，城遂陷，抗節死。

騰蛟，香河舉人。邑兵荒，撫字有術，以其間釐定徭役，民甚便之。城孤懸河畔，縣人吳邦淸等於城南立七砦相犄角，摩天砦最險。土寇李際遇伺騰蛟往河北，急據之，遂攻縣城。騰蛟聞，力請於上官，救兵至，始解去。騰蛟念故城難守，遷縣治於摩天砦以扼賊衝。未幾，賊大至，持十餘日，勢且不支，砦臨河，可渡以免。騰蛟曰：「吾何忍舍衆獨生！」遂自投於河。賊退，人從河濱獲其屍，印懸肘間。

河南凡八郡，三在河北，自六年蹂躪後，賊未再犯。其南五郡十一州七十三縣，靡不殘破，有再破三破者。城郭丘墟，人民百不存一。朝廷亦不復設官。間有設者，不敢至其地，遙寄治他所。其遺黎僅存者，率結山寨自保，多者數千人，少者數百。最大者，洛陽則際遇，汝寧則沈萬登，南陽則劉洪起兄弟，各擁衆數萬，而諸小寨悉歸之。或附賊，或受朝命，陰陽觀望。獨洪起嘗官副總兵，頗恭順。其後諸人自相呑倂，中原禍亂於是爲極。至十六年四月，帝特下詔蠲五郡賦三年，諭諸人赦其罪，斬僞官者受職，捕賊徒者賚金，復城獻俘者不次擢用，然事已不可爲矣。

劉禋，字誠吾，中部人。祖仕，刑部郎中，以諍大禮廷杖。後與定李福達獄，下吏遣戍。穆宗朝起太僕少卿，不就。父爾完，歷知商丘、名山，有學行。禋性孝，母歿于名山，四千里扶櫬，過劍閣雲棧，以肩任之。父少寐，愛聽史記，禋每夕朗誦，俟父熟寢乃已。崇禎四年，賊陷中部，禋負父走免。十四年由鄉舉授登封知縣。土寇爲亂，禋練壯士，且守且戰，寇不敢近。十五年，李自成陷其城，禋被縛。自成以同郡故欲降之，禋叱曰：「豈有奕世清白吏，肯降賊耶！」自成義之，遣賊將反覆說，禋執彌厲，乃見殺。贈僉事。

陳顯元者，由副榜授新安知縣。惡衣糲食，徒步咨疾苦。以城堞傾頹，寇至不能守，率士民入保闕門寨。賊檄降，立碎其檄。及來犯，死守月餘，力竭而陷。見賊怒罵。賊大殺寨中人，顯元叱曰：「守寨者，我也。百姓何辜，寧殺我！」賊怒，遂支解而死。

當是時，河南被賊尤酷，故死事者尤多，其傳錄未詳者，開封之陷，則同知蘇茂均，通判彭士奇，大使徐陞、閻生白皆死之。士奇，高要人，由鄉舉。河南之陷，則先後知府亢孟檜、王蔭長，通判白守文，訓導張道脈，靈寶知縣朱挺，或被執不屈，或陷城自盡。孟檜，臨汾人。蔭長，吳橋人。並由鄉舉。南陽之陷，則葉縣知縣張我翼被害，新野先後知縣陳公、丘茂表皆死之。汝寧之陷，武臣則遊擊朱崇祖，千戶劉懋勳、楊紹祖、袁永基同子世蔭，百戶葉榮蔭、張承德、李衍壽、閻忠國，皆力戰死。崇祖妻孫、永基母王亦死之。歲貢生林景暘，國學生趙得庚、楊道臨等，諸生趙重明、費明棟、楊應禎、李士謌等，皆死之。巡按御史蘇京奉詔錄上，凡二百四十九人。後因國變，諸籍散佚。蓋武職及州縣末秩、舉貢諸生，所遺者幾什之五六。

何燮，字中理，晉江人。舉於鄉。崇禎中，知亳州。州自八年後，寇賊交橫，益以饑饉，民死徙過半。燮盡心拊循，營戰守具甚備。未幾，山東、河南土寇迭至，燮戰盧家廟，生擒賊魁二人，刳其腸示衆，撫降者數千人。十五年二月，李自成陷河南，居民望風逃竄，城空不能守。賊至，執燮欲降之，罵不屈，斷足剖胸而死，懸首市上三日，耳鼻猶動。賊遂縱兵四出，霍丘、靈璧、盱眙皆陷。

霍丘，八年春嘗陷，至是再陷。知縣左相申率兵巷戰，力屈死之。巡檢吳姓者，鬬死。靈璧知縣唐良銳，全州舉人。城陷，抗罵死。盱眙，先被陷，賊至，士民悉走，獨主簿胡淵不去。縣故無城，淵持戟至龜山寺力鬬，殪數人。賊駭欲遁，會馬蹶被執，奮罵而死。淵，永年人，起家貢生。

趙興基，雲南太和人。崇禎初，〔三〕以鄉舉通判廬州。賀一龍、左金王等五部據英、霍二山，暑入秋出以爲常。督師楊嗣昌遣監軍僉事楊卓然招之，受侮而返。十四年六月襲陷英山，知縣高在嶔抗賊死。十二月陷潛山，知縣李胤嘉、典史沈所安素苛急，奸民導賊執之，並不屈死。所安子亦死焉。

十五年，張獻忠爲左良玉所敗，走與諸部合，遂以三月攻舒城。踰月城陷，改爲得勝州，據之。遣其黨分掠旁邑，游騎日抵廬州城下。興基與知府鄭履祥、經歷鄭元綬、合肥知縣潘登貴、指揮同知趙之璞、里居參政程楷分門守。監司蔡如蘅貪戾，民不附，賊諜滿城中不能知。五月，提學御史徐之垣以試士至，獻忠遣其徒僞爲諸生，襲儒冠以入，夜半舉礮，城中大擾。之垣、如蘅及履祥、登貴並縋城走。興基時守水西門，聞變，挺刃下戍樓與鬭，斬數人，被創死。元綬、楷共守南薰門，元綬力鬭死，楷不屈死。之璞守東門，巷戰死。

賊乘勢連陷含山、巢縣、廬江及無爲、六安，又陷太湖。知縣楊春芳、典史陳知訓、教諭沈鴻起、訓導婁懋履並死焉。

廬州城池高深。八年春，賊百方力攻，知府吳太樸堅守不下。〔四〕後屢犯，終不得志，至是以計得之。履祥、登貴懼罪，委之興基。總督史可法察其冤以聞，乃治守令罪，而贈興基河南僉事，楷光祿卿，元綬亦贈卹。

方賊攻舒城，縣令適以憂去，里居編修胡守恒與遊擊孔廷訓督民兵共守。會遊擊縱所部淫掠，士民遂叛降賊。城將陷，悍卒殺守恒。事聞，贈少詹事，謚文節。

校勘記

〔一〕賊既陷商城　商城，原作「南城」，據上文及明史稿傳一六九盛以恒傳改。

〔二〕崇禎初　明史稿傳一六九李乘雲傳作「崇禎中」。

〔三〕崇禎初　明史稿傳一六九趙興基傳作「崇禎中」。

〔四〕知府吳太樸堅守不下　吳太樸，明史稿傳一六九趙興基傳、國榷卷九四頁五六九六作「吳大樸」，疑是。

明史卷二百九十四

列傳第一百八十二

忠義六

夏統春 薛聞禮等　陳美 郭裕等　諶吉臣 張國勳等　盧學古 朱士完等
陳萬策 李開先　許文岐 李新等　郭以重 岳璧　郭金城　崔文榮 朱士鼎
徐學顏 李鯱英等　馮雲路 熊霈　明睿　易道暹　傅可知　蔡道憲 周二南等
張鵬翼 歐陽顯宇等　劉熙祚　王孫蘭　程良籌 程道壽　黃世清
楊暄 朱一統等　唐時明 薛應玢　唐夢鯤　段復興 靳聖居等
簡仁瑞 何相劉等　司五敎 張鳳翮　都任 王家錄等　祝萬齡 王徵等
陳瓚 周鳳岐　王徵俊 宋之儁等　丁泰運 尙大倫等

夏統春，字元夫，桐城人。爲諸生，慷慨有才志。用保舉授黃陂丞，嘗攝縣事，著廉能聲。十五年，賊犯黃陂。統春已遷麻陽知縣，未赴，乃督衆拒守，凡十五晝夜，賊忽解去。統春度賊必再至，而衆已疲甚，休於家。閱五日，賊果突至，城遂陷。統春巷戰，力竭被執，欲屈之。統春指賊魁大罵，賊怒，斷其右手。復以左手指賊罵，賊又斷之。罵不已，乃割其舌。目怒視，眥欲裂，賊又剜其目。猶以頭觸賊，遂支解之。

有薛聞禮者，武進人。由府吏官黃陂典史。歲歉，民逋漕粟。聞禮奉使過漢口，貸於所知得千金，以代民逋。十六年，張獻忠陷黃陂，愛聞禮才，挾與俱去，暮卽亡歸。會賊所設僞官爲士民殺死，聞禮曰「禍大矣」，令士民遠避，而己獨留以當之。俄賊至，將屠城。聞禮挺身曰：「殺僞官者，我也。」賊欲活之，詈不止，乃見殺。

當是時，賊延蔓中原，覆名城不可勝數。其以小吏死難，有何宗孔、賈儒秀、張達、郝瑞日諸人。宗孔，紫陽典史。十一年五月，流賊再陷其城，死之。儒秀，商南典史，城陷，抗節死。達，興山典史。十四年二月，張獻忠自蜀來攻，都司徐日耀戰歿，達被縛，罵賊不屈死。瑞日，陝西人，爲固始巡檢。羅山爲賊陷，上官令瑞日攝縣事。單騎攜二童以往，至則止僧寺，將招流移爲守禦計。未踰月，賊遣僞官至，土寇萬朝勳與之合。誘執瑞日，說之降，不從，拘於家。一日，朝勳置酒宴羣賊，醉臥，瑞日潛入其室，殺之。將奔鳳陽，雨阻，復見縶。賊愛其勇，欲留之，叱曰：「我雖小吏，亦朝廷臣子，肯爲賊用耶！」遂被害，二僕亦死。

有朱耀者，固始人。與父允義、兄炳、思成並以勇力聞。八年，賊來犯，耀父子力戰却之。明年，賊復至。耀出戰，手馘數十人，追之，陷伏中，大罵死。允義曰：「我必報子讐。」炳謂思成曰：「我二人必報弟讐。」三人率衆奮擊，賊解去，城獲全。

陳美，字在中，新建人。崇禎時由鄉舉知宜城縣。兵燹之餘，民生凋瘵。及張獻忠據穀城，人情益懼，美安輯備至。襄陽陷，賊兵來犯。美偕守備劉相國迎擊，賊中伏敗去。巡按御史上其功，獲敍錄。撫治都御史王永祚以六等課所部有司，美居上上。薦於朝，未及擢用。

十五年冬，李自成長驅犯襄陽，左良玉先奔，永祚及知府以下俱遁。賊入城，鄉官羅平知州蔡思繩、福州通判宋大勛殉節。賊分兵寇宜城、棗陽、穀城、光化、均州。美守宜城，固拒八晝夜。城陷，抗罵不已，爲賊磔死。訓導陽城田世福亦死之。

棗陽知縣郭裕，淸江舉人。甫視事，張獻忠至。左良玉屯近邑，裕單騎邀與共禦，賊却去。至是，賊將劉福來攻，裕發礮石，擊傷多。賊憤，攻益力，城陷。身被數槊，大罵。賊支解之，闔門遇害。

光化知縣萬敬宗，南昌人，貢生，到官以死自誓。賊薄城，遂自盡。賊義之，引去，城獲全。鄉官韓應龍，舉人，歷長蘆鹽運使，不受僞職，自縊死。穀城知縣周建中亦殉節。均州知州胡承熙被執不屈，與其子爾英俱死。承熙有能聲，永祚課屬吏，亦列上上，遷刑部員外郎，未行，遇難。賊犯鄖陽，同知劉璇死之。保康陷，知縣萬惟壇與妻李氏俱死之。璇，永年人。惟壇，曹縣人。俱貢生。

諶吉臣，字仲貞，南昌人。父應華，萬曆時，以參將援朝鮮，戰歿。吉臣由舉人爲雲夢知縣。崇禎十五年十二月，李自成陷襄陽，其黨賀一龍陷德安。吉臣急遣孥歸，身誓死勿去。明年正月，雲夢陷，被執，不食累日。賊臨以兵，吉臣乞速死。賊壯之，授以官，不屈。驅上馬，曰：「我失守封疆，當死此，更安往。」乃見殺。福王時，贈太僕寺丞。

賊分兵犯旁邑，應城陷，訓導張國勳死之。國勳，黃陂人。城將陷，詣文廟抱先師木主大哭，爲賊所執，大罵不屈，支解死。妻子十餘人皆殉節。

袁啓觀者，雲夢諸生也。賊據城，啓觀立寨自守。賊執去，出題試之。啓觀曰：「汝旣知文，亦知亂臣賊子，人人得而誅之耶？」賊怒，殺之。

安陸城陷，知縣分水濮有容一門十九人皆死。鄉民結寨自保，賊將白旺連破數十寨，諸生廖應元守益堅。奸人執送旺，旺問：「汝欲何爲？」厲聲曰：「欲殺賊耳！」賊怒，射殺之。應山舉人劉申錫養死士百人，城陷，謀恢復。兵敗，爲旺所殺，百人皆戰死。沔陽陷，同知馬飈死之。

盧學古，夏縣人。舉人。歷承天府同知，攝荆門州事。崇禎十五年十二月，李自成寇荆門，學古誓死守。學正黃州張郊芳、訓導黃岡程之奇亦盟諸生於大成殿，佐城守。賊環攻四日，無援，城陷。學古罵賊不絕口，剖腹而死。郊芳、之奇亦不屈死。

有朱士完者，潛江舉人。鄉試揭榜夕，夢黑幟墮其墓門，粉書「亂世忠臣」四字。至是，賊破承天，長驅陷潛江。士完被執，械送襄陽，道由泗港，齧指血書已盡節處，遂自經。賊所過焚燬，士完所題壁獨存。

彭大翮者，竟陵之青山人。賊逼承天，大翮出所著平賊權略上之當事，不能用。遂自集一旅保鄉曲，邀斬賊過當。賊怒，雨夜襲之。大翮太息曰：「吾子孫陣亡已盡，吾何用生爲！」赴水死。

賊既陷荆門，遂向荆州。巡撫陳睿謨急渡江入城，奉惠王常潤南奔，〔一〕監司以下皆奔，士民遂開門迎賊。訓導撖君錫正衣冠端坐明倫堂。賊至，欲屈之，詬罵而死。君錫，字賓王，絳縣人。賊大索縉紳，故相張居正子尙寶丞允修不食死。戶部員外郎李友蘭不屈死。諸生王維藩率妻朱及二女避難，爲賊所掠。維藩令妻女赴井死，遂見殺。諸生王圖南被執，抗罵死。

夷陵李雲，由鄉舉知潁川州，州人祠祀之。謝事歸。流賊熾，大書「名義至重，鬼神難欺」二語於牖以自警。及城陷，不屈。執至江陵，絕食死。呂調元者，歸州千戶也。城陷，士民悉歸附，調元獨率部卒格鬭，陷重圍中。招之降，大罵，死亂刀下。

陳萬策，江陵人。天啓中，與同邑李開先先後舉於鄉，並有時名。崇禎十六年正月，李自成據襄陽，設僞官。其吏政府侍郎石首喻上猷，先爲御史，降賊，薦兩人賢可用。自成遣使具書幣徵之。萬策隱龍灣市，賊使至，歎曰：「我爲名誤，既不能奮身滅賊，尙可惜頂踵耶？」夜自經。賊使至開先家，開先瞋目大罵，頭觸牆死。福王時，俱命優卹。

許文岐，字我西，仁和人。祖子良，巡撫貴州右僉都御史。父聯樞，廣西左參政。文岐，崇禎七年進士。歷南京職方郎中。賊大擾江北，佐尚書范景文治戎備，景文甚倚之。遷黃州知府，射殺賊前鋒一隻虎，奪大纛而還。獄有重囚七人，縱歸省，剋期就獄，皆如約至，乃請於上官貸之。

十三年遷下江防道副使，駐蘄州。賊魁賀一龍、藺養成等萃蘄、黃間，文岐設備嚴。賊黨張雄飛將南渡，命遊擊楊富焚其舟，賊乃却。巡撫宋一鶴上其功。副將張一龍善馭兵，文岐重之。嘗共宿帳中，軍中夜呼譟，文岐曰「此奸人乘夜思遁耳」，堅臥不出。質明，叛兵百餘人奪門遁，一龍追獲盡斬之，一軍肅然。楊富旣久鎭蘄，一鶴復遣參將毛顯文至，不相得，兵民洶洶。文岐會二將，以杯酒釋之，始無患。

十五年，左良玉潰兵南下大掠。文岐立馬江口迎之，兵莫敢犯。時警報日急，人無固志，會擢督糧參政當行，文岐歎曰：「吾爲天子守孤城三載矣，分當死封疆，雖危急，奈何棄之。」遣妻奉母歸，檄富、顯文出屯近郊，爲固守計。無何，荊王府將校郝承忠潛通張獻忠。明年大舉兵來攻，文岐發礮斃賊甚衆。夜將半，雪盈尺，賊破西門入，文岐巷戰。雪愈甚，礮不得發，遂被執。獻忠聞其名，不殺，繫之後營。時舉人奚鼎鉉等數十人同繫，文岐密謂曰：「觀賊老營多烏合，凡此數萬卒皆被掠良民，若告以大義，同心協力，賊可殲也。」於是陰相結，期四月起事，以柳圈爲信。謀洩，獻忠索之，果得柳圈，縛文岐斬之。將死，語人曰：「吾所以不死者，志滅賊耳。今事不成，天也。」含笑而死，時文岐陷賊中已七十餘日矣。事聞，贈太僕卿。

賊既陷蘄州，遂屠其民。鄉官陝西僉事李新舉家被執，賊欲屈之。新叱曰：「我昔官秦中，爾輩方爲廝養，今日肯屈膝廝養耶！」賊怒，新抱父屍就刃。其時屬吏死節者，惟麻城教諭定遠蕭頌聖、蘄水訓導施州童天申。

郭以重，黃州人。世爲衞指揮。崇禎十六年，城陷，自他所來赴難。其妻欲止之，叱曰：「朝家畀我十三葉金紫，不能易一死哉！吾將先殺汝。」妻乃不敢言。既至，遇賊欲脅之去，堅不從。露刃懾之，乃好謂賊曰：「從汝非難，但抱小兒者，吾妻也，汝爲我殺之，吾無累矣。」賊如其言。以重卽奪賊刀擊斬一賊，羣賊擁至，遂赴水死。

先是，蘄州破，指揮岳璧自屋墮地，不死。賊執至城上，欲降之。厲聲曰：「我世臣也，城亡與亡，豈降賊！」賊刃之，仆地。氣將絕，瞋目曰：「我死爲鬼，當滅汝！」時大雪，血流丈餘，目眦不合。

同時，郭金城爲羅田守將，賊逼城，率所部五百人戰，斬級百餘，追之英山。賊大集，困三日，突圍不得出，被執。脅降不從，見殺。

崔文榮，海寧衞人。世指揮僉事，舉武會試，授南安守備。崇禎中，臨、藍盜起，逼桂陽，桂王告急。文榮督所部會勦，却賊四萬人。以功，擢武昌參將。

十六年四月，張獻忠犯漢陽，文榮渡江襲斬六百級。已而城陷，武昌震懼。巡撫宋一鶴既死，承天新任巡撫王聚奎未至，武昌素不宿重兵，城空虛。或議撤江上兵以守，文榮曰：「守城不如守江，團風、煤炭、鴨蛋諸洲，淺不及馬腹，縱之飛渡，而坐守孤城，非策也。」當事不從。賊果從團風渡江，陷武昌縣。縣無人，賊出營樊口，文榮軍洪山寺扼之。既，斂兵入城，以他將代守。賊全軍由鴨蛋洲畢渡，抵洪山，守將亦退入城。文榮以武勝門當賊衝，偕故相賀逢聖協守，賊攻之不能下。

監軍參政王揚基時已擢右僉都御史，巡撫承天、德安二郡，未聞命，尚駐武昌。見勢急，與推官傅上瑞詭言有事漢陽，開門遁去，人情益洶洶。先是，楚王出資募兵，應募者率蘄、黃潰卒及賊間諜，至是開文昌、保安二門納賊。文榮方出闕還，闔城扉不及，躍馬大呼，殺三人。賊攢槊刺之，洞胸死。

有朱士鼎者，起家武進士，爲巡江都司。城陷被執，賊喜其勇敢，欲大用之。戟手大罵，賊斷其右手，乃以左手染血灑賊，賊又斷之，不死。賊退，令人縛筆於臂，能作楷字。招集舊卒，訓練如常。

徐學顏，字君復，永康人。母疾，禱於天，請以身代。夜夢神人授藥，且識其形色，廣覓之，得荆瀝，疾遂愈。父爲中城兵馬指揮，忤權要人下吏。學顏三疏訟冤，所司格不上，徧叩諸公卿莫爲雪，將置重辟。學顏號泣爭於刑部，不能得，至齧臂血濺於庭，乃獲釋歸。推所居大宅讓其弟，尙義疎財，族黨德之。崇禎三年建東宮，詔舉孝友廉潔、博物洽聞可勵俗維風者，有司以學顏應，寢不行。十二年以恩貢生授楚府左長史，引義匡輔，王甚敬之。

十五年冬，諸司長官及武昌知府、江夏知縣並以朝覲行，學顏攝江夏事，繕修守具。楚府新募兵，卽令學顏將之。明年五月晦，新軍內叛，城陷。學顏格鬭，斷左臂，大罵不屈，爲賊支解，一家二十餘人殉之。通判固安李毓英亦擧家自縊。

武昌知縣鄒逢吉被害。同死者，武昌衞經歷汪文熙、巡檢戴良瑄及僧官一人，俱罵賊不屈，腰斬。賊旣陷武昌，分兵陷屬邑，於是嘉魚知縣霍山王良鑑、蒲圻知縣臨川曾栻俱抗節死。事聞，學顏贈僉事，毓英等贈卹有差。

馮雲路，字漸卿，黃岡人。好學勵行，年三十，卽棄諸生從賀逢聖講學，遂寓居武昌，著書數百卷。崇禎三年，巡按御史林鳴球薦其賢，幷上所著書，不用。及賊將渡江，雲路貽書逢聖曰：「在內，以寧湖爲止水。在外，以漢江爲汨羅。」寧湖者，雲路談經處也。城旣陷，乘桴入寧湖。賊遣使來聘，遙應曰：「我平生只讀忠孝書，未嘗讀降賊書也。」遂投湖死。從游諸生汪延陞亦死焉。

其同邑熊甯，字渭公，亦移居武昌。喜邵子皇極書，頗言未來事。十六年元旦，盡以所撰性理格言、圖書懸象、大易參諸書付其季弟，曰：「善藏之。」城破前一日，貽書雲路，言「明日當覓我某樹下。」及期行樹傍，賊追至，躍入荷池以死。

有諸生明睿者，江夏人。城破，賊獨不入其門。睿慨然曰：「安有父母之邦覆，而偷生苟活者！」語家人：「速從我入井，否則速去。」於是妻及二子、二女幷諸婢以次投井。睿笑曰：「吾今曠然無累矣。」從容榜諸門，赴井死，時人號爲明井。

先是，賊陷黃岡，諸生易道暹者，字曦侯。好學尙氣節，居深山中，積書滿家。賊氛漸逼，道暹惜所積書，又以己所著書多，不忍棄，逡巡未行。及賊至，子爲璉急奉母走青峰巖，道暹攜幼子爲璉擔書以行。遇賊，紿曰：「余書賈也。」賊笑曰：「汝易曦侯，何紿我。」道暹曰：「若旣知我，當聽我一言，愼毋殺人焚廬舍。」賊曰：「若身不保，尙爲他人言耶！」道暹厲色叱賊，賊怒殺之。爲璉請代，賊幷殺之。未幾，爲瑚亦被殺。

時黃陂諸生傅可知亦以叱賊死。可知幼喪父，臥柩下三年。六十喪母，啜粥三年。黃陂陷，被執，可知年已踰八十。賊憫其老不殺，俾養馬，叱曰：「我爲士數十年，肯役於賊耶！」延頸就刃，賊殺之。

蔡道憲，字元白，晉江人。崇禎十年進士。爲長沙推官。地多盜，察豪民通盜者，把其罪而任之。盜方劫富家分財，收者已至。召富家還所失物，皆愕不知所自。惡少年閉戶謀爲盜，啓戶，捕卒已坐其門，驚逸去。吉王府宗人恣爲奸，道憲先治而後啓王。王召責之，抗聲曰：「今四海鼎沸，寇盜日滋。王不愛民，一旦鋌而走險，能獨與此曹保富貴乎？」王悟，謝遣之。

十六年五月，張獻忠陷武昌，長沙大震。承天巡撫王揚基率所部千人，自岳州奔長沙。道憲請還駐岳州，曰：「岳與長沙脣齒也，幷力守岳則長沙可保，而衡、永亦無虞。」揚基曰：「岳，非我屬也。」道憲曰：「棄北守南，猶不失爲楚地。若南北俱棄，所屬地安在？」揚基語塞，乃赴岳州。及賊入蒲圻，卽遁去。湖廣巡撫王聚奎遠駐袁州，憚賊不敢進。道憲亦請移岳，聚奎不得已至岳，數日卽徙長沙。道憲曰：「賊去岳遠，可繕城以守。彼犯岳，猶憚長沙援。若棄岳，長沙安能獨全。」聚奎不從。賊果以八月陷岳州，直犯長沙。

先是，巡按御史劉熙祚令道憲募兵，得壯丁五千訓練之，皆可用。至是親將之，與總兵官尹先民等扼羅塘河。聚奎聞賊逼，大懼，撤兵還城。道憲曰：「去長沙六十里有險，可柵以守，毋使賊踰此。」又不從。

時知府堵胤錫入覲未返，通判周二南攝攸縣事，城中文武無幾。賊薄城，士民盡竄。聚奎詭出戰，遽率所部遁。道憲獨拒守，賊遶城呼曰：「軍中久知蔡推官名，速降，毋自苦。」道憲命守卒射之斃。越三日，先民出戰，敗還。賊奪門入，先民降。道憲被執，賊啗以官，嚼齒大罵。釋其縛，延之上坐，罵如故。賊曰：「汝不降，將盡殺百姓。」道憲大哭曰：「願速殺我，毋害我民。」賊知終不可奪，磔之，其心血直濺賊面。

健卒林國俊等九人隨不去，賊亦令說道憲降。國俊曰：「吾主畏死去矣，不至今日。」賊曰：「爾主不降，爾輩亦不得活。」國俊曰：「我輩畏死亦去矣，不至今日。」賊幷殺之，四卒奮然曰：「願瘞主屍而死。」賊許之，乃解衣裹道憲骸，瘞之南郊醴陵坡，遂自刎。道憲死時年二十九，贈太僕少卿，謚忠烈。

二南，字汝爲，雲南人。由選貢爲長沙通判，盡職業，與道憲深相得。擢岳州知府，士民固留，乃以新秩還長沙，後亦死。

邑中舉人馮一第走湘鄉，將乞師他所，賊縶其母與兄招之。一第歸就縛，賊將斬之，一老僧伏地哭請免。賊乃去其兩手置營中，一夕死，母兄獲免。賊陷東安，舉人唐德明仰藥死。犯耒陽，諸生謝如珂拒戰死。

張鵬翼，西充人。崇禎中，由選貢生授衡陽知縣。十六年八月，張獻忠逼衡州，巡撫王聚奎、李乾德及監司以下皆遁，士民盡奔竄。鵬翼獨守空城，賊至即陷。脅使降，戟髯詬詈，賊縛而投諸江，妻子赴水死。

賊之趨岳州也，巴陵教諭桂陽歐陽顯宇時攝縣事，死焉。其趨臨湘也，知縣莆田林不息抗罵不屈，斷其兩手殺之。湘陰陷，知縣大埔楊開率家屬十七人投水死。其丞賴萬耀攝醴陵縣事，城破亦死之。長沙府照磨莫可及，宜興人，攝寧鄉縣事，殉城死。二子若鼎、若鉦號慟奔赴，遇害。衡州既陷，屬縣衡山亦失守，知縣富順董我前、教諭分宜彭允中，皆盡節。府教授永明蔣道亨攝武陵縣事，抱印罵賊，見殺。其他文武將吏，非降則逃。長沙史可鏡，官給事中，丁艱歸，降賊，賊用爲湖廣巡撫。及賊棄湖廣入四川，李乾德復還長沙，執可鏡，加榜掠，械送南都伏法。

乾德者，亦鵬翼同邑人。崇禎四年進士。十六年歷右僉都御史撫治鄖陽，未赴，改湖南。時武昌已陷，乾德守岳州。獻忠攻急，乾德棄城走長沙，岳州遂陷。轉徙衡、永，賊至，輒先避，長沙、衡、永皆隨陷。獻忠入四川，乃還長沙，以失地，謫赴督師王應熊軍前自効。永明王立，擢兵部侍郎，巡撫川南。乾德入蜀，其鄉邑已陷，父亦被難，乃說諸將袁韜攻佛圖關，復重慶。韜及武大定久駐重慶，食盡。乾德說嘉定守將楊展與大定結爲兄弟，資之食。已而惡展，構韜殺之，據嘉定，蜀人咸不直乾德。會劉文秀自雲南至，擒韜，陷嘉定，乾德乃驅家人及其弟御史升德，俱赴水死。

劉熙祚，字仲緝，武進人。父純仁，泉州推官。熙祚舉天啓四年鄉試。崇禎中，爲興寧知縣。奸民啖斷腸草，脅人財物。熙祚令贖罪者必以草，以是致死者勿問，草以漸少，弊亦止。課最，徵授御史。

十五年冬巡按湖南。李自成陷荆、襄諸郡，張獻忠又破蘄、黃，臨江欲渡。熙祚以明年二月抵岳州，檄諸將分防江滸，偏沅、鄖陽二撫聯絡形勢。會賊馬守應據澧州，窺常德，土寇甘明揚等助之。熙祚馳至常德，擊斬明揚。五月還長沙。

及武昌、岳州相繼陷，急令總兵尹先民、副將何一德督萬人守羅塘河，扼要害。而巡撫王聚奎乃撤守長沙，賊遂長驅至。聚奎率潰將孔全彬、黃朝宣、張先璧等走湘潭，長沙不能守。惠王避地至長沙，與吉王謀出奔，熙祚奉以奔衡州。衡州，桂王封地也，聚奎兵至，大焚劫，王及吉、惠二王皆登舟避亂。熙祚單騎赴永州爲城守計。未幾，聚奎復走祁陽，衡州遂陷。永士民聞之，空城逃。三王至永州，〔三〕聚奎繼至，越日全彬等亦至，劫庫金去。熙祚乃遣部將護三王走廣西，而已返永州拒守。賊騎追執之，獻忠踞桂王宮，叱令跪，不屈。

賊羣毆之，自殿城曳至端禮門，膚盡裂。使降將尹先民說之，終不變，見殺。事聞，贈太常少卿，謚忠毅。

弟永祚，字叔遠，由選貢生屢遷興化同知，擒賊曾旺。後以副使知興化府事。大清兵入城，仰藥死。弟綿祚，字季延。崇禎四年進士。爲吉安永豐知縣。鄰境九蓮山，界閩、粵，賊窟其中，綿祚請會剿。賊怒，率衆攻。綿祚出擊，三戰三捷。賊益大至，綿祚伏兵黃牛峒，大破之。積勞得疾，請告歸卒。兄弟三人並死王事。

王聚奎既失永州，後伺賊退，潛還武昌，爲代者何騰蛟所劾，貪緣免。

王孫蘭，字畹仲，無錫人。崇禎四年進士。累遷成都知府。蜀宗人虐民，民相聚將焚內江王第。孫蘭撫諭之，乃解。父憂，服闋，起官紹興，修荒政。遷廣東副使，分巡南雄、韶州二府。連州瑤賊爲亂，馳剿，三戰皆捷。十六年，張獻忠大亂湖南，湖南之郴州宜章與韶接壤。孫蘭乞援督府，不應，最後以七百人至，一宿復調去。及賊陷衡州，肆屠戮。韶所轄樂昌、乳源、仁化，逋竄一空。連州守將先據城叛，韶士民聞之，空城逃，而賊所設僞官傳檄將至。孫蘭仰天歎曰：「失封疆當死，賊陷城又當死，吾盍先死乎！」遂自縊。既死，賊竟不至，朝廷憫其忠，予贈䘏。

程良籌，字持卿，孝感人，工部尙書註子也。天啓五年進士。時註爲太常少卿，不附魏忠賢。御史王士英劾其爲趙南星、李三才私黨，忠賢遂矯旨幷良籌除名，永不敍錄。未出仕而除名，前此未有也。崇禎元年起官，歷文選員外郎，掌選事。麻城李長庚爲尙書，以同鄉故，甚倚之。正郎久缺不推補，同列多忌，朝論亦少之。長庚用推舉失當削籍，良籌亦下吏遣戍，久乃釋歸。

十六年，李自成犯承天，孝感亦陷。良籌以白雲山險峻，與同邑參政夏時亨築壘聚守。賊使說降，良籌毀其書。賊怒，設長圍攻之，相持四十餘日，解去。時漢陽、武昌亦爲張獻忠所陷，四面皆賊，獨白雲孤處其間，賊頗患之。已，武昌爲官軍所復，良籌號召遠近諸寨，犄角進兵。其冬，遂復孝感、雲夢。十二月，進薄德安，兵敗，退保白蓮寨。寨中人素通賊，爲內應，良籌遂被執。說降，不屈，羈之密室。明年正月，左良玉遣將攻德安。賊懼，擁良籌令止外兵，不從。賊棄城去，逼良籌偕行，又不從，遂被殺。贈太常少卿。

程道壽者，良籌里人也，嘗爲來安知縣。賊陷孝感，置掌旅守之。道壽結里中壯士，擊殺掌旅。賊復至，杖之，繫獄，令爲書招良籌。道壽曰：「我不能助白雲滅汝，肯助汝耶？」遂見殺。

黃世清，字澄海，滕縣人。父中色，吏部員外郎。世清登崇禎七年進士，除戶部主事，榷滸墅關，有清操。歷員外郎，屢遷右參議，分守商、雒，駐商州。城屢遭兵，四野蕭然，民皆入保城中。而客兵所過淫掠，民苦兵甚於賊。世清下令兵不得闌入城。未幾，關中兵經其地，有二卒撾門，榜以徇。督撫發兵，誡毋犯黃參議令。李自成躪荊、襄，遠近震動。世清一子方幼，屬友人養之，誓身殉。

十六年十月，自成敗孫傳庭軍，長驅入關，遣右營十萬人從南陽犯商州。世清憑城守，有奸民投賊，至城下說降，世清佯與語，發礮斃之，懸其首城上曰：「懷二心者視此！」士民皆効死，礮矢盡，繼以石，石盡，婦人掘街砌繼之。

城陷，世清坐堂上，麾其僕朱化鳳去，化鳳願同死。賊牽世清下，化鳳叱曰：「奴才不得無禮！」賊批其頰，化鳳聲色愈厲。執至賊帥袁宗第營，世清植立。賊欲屈之，化鳳曰：「吾主堂堂憲司，肯拜賊耶！」賊先殺之，授世清以防禦札。罵不受，與一家十三人皆遇害。贈光祿卿。

楊暄，高平人。崇禎十三年進士。授渭南知縣。歲大凶，畢力拯救，民稍獲安。十六年冬，李自成入潼關，兵備僉事楊王休降。教授許嗣復分守上南門，城破，持梃鬬，詈賊死，妻女被掠皆自殺。賊遂抵渭南。暄已擢兵部主事，未行，與訓導蔡其城同守。會舉人王命誥開門迎賊，暄被縛，索印不與，詬罵死。其城亦死之。

賊遂陷西安，咸陽知縣趙躋昌被害。屬邑望風降。蒲城知縣朱一統獨謀拒守，曰：「吾家七世衣冠，安可臣賊。」或言他州縣甲榜者皆已納款，一統曰：「此事寧論資格耶。」以體肥，令家人擴井口以待。會衙兵叛，奪印趣迎降。一統瞋目叱曰：「吾一日未死，印不可得！」日暮，左右盡散，從容赴井死。縣丞沁源姚啓崇亦死焉。一統，平定人，起家乙榜。

有朱迥漭者，瀋府宗室也，由宗貢生爲白水知縣。明習吏事，下不敢欺。賊潛入城，猶手弓射賊，與學官魏歲史、劉進並被難。

唐時明，字爾極，固始人。舉於鄉。崇禎中，爲長垣教諭。子路墓祀田爲豪家奪，時明復其故。由國子學正屢遷鳳翔知府。十六年十月聞李自成入潼關，亟治戰守備。俄潰兵大掠，西人無固志。及自成據西安，分兵來寇，典史董尙質開門迎賊，時明被執。僞相牛金星曰：「吾主求賢若渴，君至西京，不次擢用。」時明叱曰：「我天朝命吏，肯臣賊耶！」金星令尙質說降，厲聲責之。賊令縛赴西安，時明託妻子於友人，至興平，乘間自縊。

鳳翔既陷，屬城叛降。隴州同知薛應玢，武進人。時攝州事，勒兵守城。城陷，詈賊死。寶雞知縣唐夢鯤，番禺舉人。歷知仙居、天台、富川、分水四縣。在富川，有撫瑤功。坐累，謫池州經歷，攝貴池縣事。左良玉擁兵下，鄉民奔入城，守者拒，夢鯤令悉納之。及改寶雞，賊已過潼關，星馳抵任。賊逼縣，知不可守，自經死。

段復興，字仲方，陽穀人。崇禎七年進士。歷右參議，分守慶陽。十六年十月，李自成據西安，傳檄諭降。復興裂其檄，集衆守。踰月，賊薄城，圍數匝，發礮石殺賊滿濠。久之，勢不支。拜辭其母，聚妻妾子女於樓，置薪其上，復乘城督戰。城陷，趨歸火其樓，母亦赴火死。乃持鐵鞭走北門，擊殺數賊，遂自刎。士民葬之西河坪，立祠祀之。

同時死難者，慶陽推官靳聖居、安化知縣袁繼登。聖居，字淑孔，長垣人。崇禎元年進士，歷知濟源、萊陽二縣。屢謫復起，涖慶陽時，已授刑部主事，未行，遇賊，佐復興死守。城破被執，罵不絕口死。繼登，南畿人。起家選貢，涖任未浹歲卽遘變，見賊求速死，賊殺之。

其陷寧州也，知州董琬死之。宗室朱新鏶者，以貢生授中部知縣。自成使人持檄招降，新鏶碎之。歎曰：「城小無兵，空令士民受禍，計惟自靖耳。」令妻妾子女盡縊，乃投繯死。

簡仁瑞，字季麟，滎縣人。由舉人歷官西安同知，遷平涼知府。十六年冬，賊入關，諸王及監司以下官謀遁走。仁瑞謁韓王曰：「長安有重兵，訛言不足信。殿下輕棄三百年宗社，欲何之？縱賊歷境，延、寧、甘、涼諸軍足相援，必不能支，同死社稷，亦不辱二祖列宗。」王不從。是夕，其護衞卒譟，挾王及諸郡王、宗室斬關出奔，脅仁瑞行。仁瑞曰：「吾平涼守也，吾去，誰與守？」衆遂去。仁瑞乃撤四關居民入城，以土石塞門爲死守計。未幾，賊檄至，乃召所活死囚數輩，謂之曰：「吾昔嘗生汝，汝亦有以報我乎？」皆對曰：「唯命。」卽托以幼子，令衞出。明日，賊抵城下，士民數人草降書，乞僉名署印。仁瑞怒叱責之，正衣冠，自經堂上。

平涼既陷，屬城悉降。華亭教諭鄒姓者，援曾子居武城義，欲避去。訓導何相劉止之曰：「吾輩委質爲臣，安可以賓師自待？」乃率諸生共守，及城陷，與教諭皆殉難。

司五教，字敬先，內黃人。篤學有志行。崇禎時，以歲貢爲內丘訓導。十一年，邑被兵，佐長吏拒守有功。遷城固知縣，剿山寇滅之。十六年冬，賊據關中，郡縣風靡，五教激士民固守。有諸生謀內應，捕斬之，竿其首城上。無何，僞帥田見秀擁兵至，五教且戰且守。賊悉兵攻四日而城陷，既見執，厲聲罵賊。賊去其冠帶，輒自取冠之，罵益厲，乃被磔。

鄉官張鳳翮，字健沖。天啓五年進士。崇禎中官御史，極論四川巡撫王維章貪劣，而請召還給事中章正宸，不納。出按雲南，還朝，言：「陛下議均輸再征一年，民力已竭，討賊諸臣泄泄沓沓，徒糜數百萬金錢。」帝納其言，敕兵部飛騎勒熊文燦進兵，而張獻忠已叛矣。十五年遷浙江右參政，未任而罷。賊陷城，脅之仕，不屈死。

都任，字弘若，祥符人。萬曆四十一年進士。授南京兵部主事，進郎中，屢遷四川右參政。天啓五年大計，左遷江西僉事，復屢遷陝西左布政使。

崇禎五年又謫山東右參政。再遷山西按察使。任性剛嚴，多忤物，數謫徙，終不變。月朔，同僚朝晉王，任據會典爭，不赴。巡按御史張孫振誣劾提學僉事袁繼咸，任數慰問繼咸，矏其行。孫振怒，復中以大計，貶秩歸。後復起，歷右布政使兼副使，飭榆林兵備。

十六年九月，巡撫崔源之罷去，代者張鳳翼未至，總兵官王定從孫傳庭出關，大敗奔還，遠近震恐。李自成遂據西安，遣其將李過以精卒數萬徇三邊，延安、綏德相繼陷。定懼，詭言討河套寇，率所部遁去，榆林益空虛。任急集軍民，慷慨流涕，諭以大義，與督餉員外郎王家錄、副將惠顯等議城守。城中多廢將，任以尤世威知兵，推爲主帥，率諸將王世欽等數十人誓死守。賊遣使招降，任斬以徇。賊大衆麕至，十一月望，城被圍，至二十七日，城陷，任猶巷戰，力不支，被執。欲降之，大罵不屈，遂見殺。世威等皆死，詳見世威傳中。

家錄，黃岡人，舉於鄉。時已擢關南兵備僉事，未行，與任協守。圍急，男子皆乘城，家錄令婦人運水灌城，氷厚數寸，賊不能攻。及城陷，家錄自剄死。

一時同死者，里居戶部主事張雲鶚，知州彭卿、柳芳，湖廣監紀趙彬，皆不屈死。指揮崔重觀自焚死，傅佑與妻杜氏自縊死。中軍劉光祐罵賊死。材官李耀，善射，矢盡，自刎死。同營李光裕趣家人死，亦自刎死；張天敍焚其積貯，自縊死。指揮黃廷政與弟千戶廷用、百戶廷弼奮力殺賊，同死。千戶賀世魁偕妻柳氏自縊死。參將馬鳴節聚妻子室中，自焚死。里居戰死則山海副總兵楊明、定邊副總兵張發、孤山副總兵王永祚、西安參將李應孝。在官死事則遊擊傅德、潘國臣、李國奇、晏維新、陳二典、劉芳馨、文侯國，都司郭遇吉，中軍楊正韡、柳永年、馬應舉，旗鼓文經國，守備尤勉、惠漸、賀大雷、楊以偉，指揮李文焜、文燦。而副將常懷、李登龍，遊擊孫貴、尤養鯤，守備白愼衡、李宗敍，亦以守鄉土遭難。諸生則陳義昌、沈濬、沈演、白拱極、白含章罵賊死，張連元、連捷、李可柱、胡一奎、李膺祥自經死。一城之中，婦女死義者數千人，井中屍滿，賊遂屠其城。

榆林爲天下雄鎭，兵最精，將材最多，然其地最瘠，餉又最乏，士常不宿飽。乃慕義殉忠，志不少挫，無一屈身賊庭，其忠烈又爲天下最。事聞，天子嗟悼，將大行褒恤，國亡不果。

祝萬齡，咸寧人。父世喬。有至行，以父遠遊不歸，年十五卽獨身訪求，瀕死，歷數千里，卒得之。後由選貢通判南康，以清愼著。

萬齡師鄉人馮從吾，舉萬曆四十四年進士。累官保定知府。天啓六年，魏忠賢盡毀天下書院，萬齡憤。逆黨李魯生遂劾萬齡倡訛言，謂天變、地震、物怪、人妖，悉由毀書院所致，非聖誣天實甚。萬齡遂落職。

崇禎初，用薦起黃州知府，集諸生定惠書院，迪以正學。居三年，遷河南副使，監軍磁州。輝縣之北與山西陵川之南，有村曰水峪，回賊竊據數十年，大爲民患。萬齡與山西監司王肇生合兵擊，六戰焚其巢三百餘，賊遂平。錄功，加右參政。

流賊自山西入河北，掠新鄉。萬齡邀擊之，賊走陵川。已，復大至，坐失事，削籍歸。湯開遠訟其冤，不納。久之，廷臣交薦，未及用，而西安陷。萬齡深衣大帶，趣至關中書院，哭拜先聖，投繯死。僉事涇陽王徵、太常寺卿耀州宋師襄、懷慶通判咸寧竇光儀、儀封知縣長安徐方敬、芮城知縣咸寧徐芳聲、舉人宗室朱誼㴾及席增光皆里居，城破，並抗節死。

陳瓆，漳浦人。天啓五年進士。授慈谿知縣。崇禎十年爲袁州推官，拒楚賊有功。屢遷右參議，分守湖南，討平八排賊。十六年，張獻忠陷長沙，圍參政周鳳岐於澧州。瓆督兵往救，軍敗，被執。欲降之，不屈，斷手割肝而死。

鳳岐，永康人。萬曆末年進士。歷工部郎中，掌節愼庫，忤奄人，落職歸。崇禎初，起故官，進四川副使。苗人爭界，爲立碑畫疆以定之。改右參政，分守灃州。賊來犯，援軍敗沒，城遂陷。賊帥親解其縛，說以降，怒罵而死。

王徵俊，字夢卜，陽城人。天啓五年進士。授韓城知縣。崇禎初，流賊來犯，禦却之。坐大計，謫歸德照磨。巡按御史李日宣薦於朝，給事中呂黃鐘請用天下必不可少之人，亦及徵俊，乃量移滕縣知縣。累官右參政，分守寧前，以憂歸。十七年二月，賊陷陽城，被執不屈，繫之獄。士民爭頌其德，賊乃釋之。抵家北面再拜，投繯卒。

其時士大夫居家盡節者，靈石宋之儁、翼城史可觀、陽曲朱愼鏤。之儁舉進士，歷官登萊監軍副使，忤巡按謝三賓，互訐於朝，落職歸。三賓亦貶秩。及遇變，之儁受刑死。妻喬詈賊撞階死。女斂屍畢，拔簪刺喉死。可觀，太常少卿學遷子。官中書舍人，加鴻臚少卿。城陷，自縊死。愼鏤，晉府宗室，攝靈丘郡王府事。賊陷太原，冠帶祀家廟，驅家人入廟中，焚之，已亦投火死。

丁泰運，字孟尙，澤州人。崇禎十三年進士。除武陟知縣，調河內，著廉直聲。十七年二月，賊將劉方亮自蒲坂渡河。巡按御史蘇京托言塞太行道，先遁去，與陝西巡撫李化熙同抵寧郭驛。俄兵變，化熙被傷走。兵執京，披以婦人服，令插花行，稍違，輒抶之以爲笑樂。叛將陳永福引賊至，京卽迎降。賊遂逼懷慶，監司以下皆竄。泰運獨守南城，力不支，被執。賊擁見方亮，使跪不屈，燒鐵鎖炙之，亦不從，乃遇害。

賊旣陷懷慶，尋陷彰德。安陽人尙大倫，字崇雅。由進士歷官刑部郎中。有國學生白夢謙以救黃道周繫獄，大倫議寬之，忤尙書意，遂罷歸。城陷，抗節死。參將楡林王燊及其子師易，皆死之。又有王㒖徵，由鄉舉歷官蒲州知州，忤豪宗，謝事歸。爲賊所執，傳詣李自成，道憤恨不食死。

校勘記

〔一〕惠王常潤南奔　惠王，原作「瑞王」，據本書卷一二〇惠王常潤傳、國榷卷九八頁五九五四改。

〔二〕三王至永州　三王，原作「二王」，據本書卷一二〇惠王常潤傳改。下同。

明史卷二百九十五

列傳第一百八十三

忠義七

何復，字見元，平度人。邵宗元，字景康，碭山人。復，崇禎七年進士。知高縣，有却賊功。忤上官，被劾謫戍。後廷臣多論薦，起英山知縣，累遷工部主事，進員外郎。十七年二月擢保定知府。宗元，由恩貢生歷保定同知，有治行。

李自成陷山西，遣僞副將軍劉方亮由固關東犯，畿輔震動。及眞定遊擊謝嘉福殺巡撫徐標反，遣使迎賊，人情益洶洶。宗元時攝府事，亟集通判王宗周，推官許曰可，淸苑知縣朱永康，後衞指揮劉忠嗣及鄉官張羅彥、尹洗等，議城守。復聞，兼程馳入城，宗元授以印。復曰：「公部署已定，印仍佩之，我相與僇力可也。」乃謁文廟，與諸生講見危致命章，詞氣激烈。講畢，登城分守。

都城陷之次日，賊使投書誘降，宗元手裂之。明日，賊大至，絡繹三百里。有數十騎服婦人衣，言：「所過百餘城，皆開門遠迎，不降卽屠。且京師已破，汝爲誰守？」城上人聞之，髮豎眥裂。賊環攻累日，宗元等守甚堅，賊稍稍引卻。

督師大學士李建泰率殘卒數百，輦餉銀十餘輛，叩城求入。宗元等不許。建泰舉敕印示之，宗元等曰：「荷天子厚恩，御門賜劍，酹酒餞別。今不仗鉞西征，乃叩關避賊耶？」建泰怒，厲聲叱呼，且舉尙方劍脅之。或請啓門，宗元曰：「脫賊詐爲之，若何？」衆以御史金毓峒嘗監建泰軍，識建泰，推出視之信，乃納之。

建泰入，賊攻益厲。建泰倡言曰：「勢不支矣，姑與議降。」書牒，迫宗元用印。宗元抵印厲聲曰：「我爲朝廷守土，義不降，欲降者任爲之。」大哭，引刀將自刎，左右急止之，皆雨泣。羅彥前曰：「邪說勿聽，速擊賊。」復自起爇西洋巨礮，火發，被燎幾死。賊攻無遺力，雉堞盡傾。俄賊火箭中城西北樓，復遂焚死。南郭門又焚，守者多散。南城守將王登洲縋城出降，賊蜂擁而上。建泰中軍副將郭中杰等爲内應，城遂陷。宗元及中官方正化不屈死。建泰率曰可、永康出降。忠嗣分守東城，城將陷，召女弟適楊千戶者歸，與妻毛、子婦王同處一室，俱以弓弦縊殺之，復登城拒守。城破被執，怒詈，奪賊刀殺二賊。賊臠至，剜目劓鼻支解死。

一時武臣死事者，守備則張大同與子之坦力戰死。指揮則文運昌、劉洪恩、戴世爵、劉元靖、呂九章、呂一照、李一廣，中軍則楊儒秀，鎮撫則管民治，千戶則楊仁政、李尙忠、紀勳、趙世貴、劉本源、侯繼先、張守道，百戶則劉朝卿、劉悅、田守正、王好善、强忠武、王爾祉，把總則郝國忠、申錫，皆殉城死。

有呂應蛟者，保定右衞人，歷官密雲副總兵，謝事歸。賊至，總監正化知其能，延與共守，晝夜戮力。城破，短兵鬬殺十餘賊而死。

張羅俊，字元美，清苑人。父純臣，由武進士歷官署參將、神機營左副將。生六子：羅俊、羅彥、羅士、羅善、羅喆、羅輔。

羅俊娶瞽女，終身不置妾。羅彥，字仲美，舉崇禎二年進士。累遷吏部文選郎中。楊嗣昌數借封疆事引用匪人，羅彥多駁正。帝疑吏部行私，廠卒常充庭，曹郎多罹譴者，羅彥獨無所染。秩滿，遷光祿少卿，被誣落職歸。羅俊以十六年秋舉進士，羅輔亦以是年舉武進士。而羅彥少從父塞上，習兵事。初官行人，奉使旋里，鄉郡三被兵，佐當事守禦，三著功。給事中時敏奉使過其地，夜半欲入城，羅彥不許。敏劾其擅司鎖鑰，羅彥疏辯，帝不問。

十七年二月，賊逼京師，衆議守禦。羅彥兄弟與同知邵宗元等歃血盟，誓死守。總兵官馬岱謁羅彥曰：「賊分兩道，一出固關，一趨河間。吾當出屯蠡縣扼其衝，先殺妻子而後往，其城守悉屬公。」羅彥曰：「諾。」詰旦，岱果殺妻孥十一人，率師去。羅彥等糾鄉兵二千分障守。羅俊守東城，羅彥西北，羅輔爲游兵。公廩不足，出私財佐之。賊遣騎呼降，羅俊顧其下曰：「欲降者，取我首去。」後衞指揮劉忠嗣挺劍曰：「有不從張氏兄弟死守者，齒此劍。」衆怒目，髮上指。聞者咸憤厲，守益堅，賊爲引卻。

已，聞京師變，衆皆哭，北向拜，又羅拜相盟誓。而賊攻益急，城中多異議。羅彥謂宗元曰：「小民無知，非鼓以大義，氣不壯。」乃下令人綴崇禎錢一枚於項，以示戴主意。賊謂羅彥主謀，呼其名大詬，且射書說降，羅彥不顧。賊死傷多，攻愈力。李建泰親軍爲內應，城遂陷。羅俊猶持刀砍賊，刀脫，兩手抱賊齧其耳，血淋漓口吻間。賊至益衆，大呼「我進士張羅俊也」，遂遇害。羅彥見賊入，急還家，大書官階、姓名於壁，投繯死；子晉與羅俊子伸並赴井死。

羅善，字舜卿，爲諸生，佐兩兄守城。城將陷，兩兄戒勿死，羅善曰：「有死節之臣，不可無死節之士。」妻高攜三女投井死，羅善亦投他井死。

羅輔多力善射，晝夜乘城，射必殺賊。城破，與羅俊奪圍走，羅俊不可，羅輔連射殺數人，矢盡，持短兵殺數人乃死。

張氏兄弟六人，羅士早卒，其妻高守節十七年，至是自經死。惟羅喆從水門走免，其妻王亦縊死。羅俊伯母李罵賊死。羅彥妻趙、二妾宋、錢及晉妻師，當圍急時，並坐井傍以待。賊入，皆先羅彥投井死，獨趙不沈，家人出之。羅輔妻白在母家，聞變欲死，侍者止之，紿以汲井，推幼女先入，己從之。羅俊再從子震妻徐，巽妻劉，亦投井死，一門死者凡二十三人。

金毓峒，字稚鶴，保定衞人。父銓，戶部員外郎。毓峒舉崇禎七年進士。授中書舍人。十四年面陳漕務，稱旨，授御史。疏論兵部尚書陳新甲庸才悞國，戶部尚書李待問積病妨賢。又請渙發德音，自十五年始，蠲除繁苛，與海內更新。因言復社一案，其人盡縫掖，不可以一夫私怨開禍端。帝多採納。

明年出按陝西。孫傳庭治兵關中，吏民苦征繕，日夜望出關，天子亦屢詔督趣。毓峒獨謂將驕卒悍，未可輕戰，抗疏爭。帝不納，師果敗。

十六年冬，期滿得代，甫出境，而賊入關。復還至朝邑，覈上將吏功罪而後行。明年三月召對，命監李建泰軍。馳赴山西，抵保定，賊騎已逼，遂偕邵宗元等共守。毓峒分守西城，散家貲千餘金犒士，其妻王亦出簪珥佐之。

京師變聞，賊射書說降，衆頗懈。毓峒厲聲曰：「正當爲君父復讐，敢異議者斬！」懸銀牌，令擊賊者自取。衆爭奮，斃賊多。城陷，一賊挽毓峒往謁其帥，且罵且行，遇井。推賊仆地，自墮井死。妻聞，即自經。其從子振孫有勇力，以武舉佐守城。賊至，衆皆散，獨立城上，大呼曰：「我金振孫，前日殺數賊魁者，我也。」羣賊支解之。振孫兄肖孫、子婦陳與侍兒桂春，亦投井死。肖孫匿毓峒二子，爲賊搒掠無完膚，終不言，二孤獲免。

同時守城殉難者，邠州知州韓東明、武進士陳國政赴井死。平涼通判張維綱，舉人張爾翬、孫從範，不屈死。舉人高經負母避難，遇賊求釋母，母獲釋而經被執，乘間赴水死。貢生郭鳴世寢疾，聞城陷，整衣端坐。賊至，持棒奮擊而死。諸生王之琎，先城陷一日，置酒會家人，飲達旦。城破，偕妻齊及三子、二女入井死。諸生韓楓、何一中、杜日芳、王法等二十九人，布衣劉宗向、田仰名、劉自重等二十人，或自經，或溺，或受刃，皆不屈死。婦人盡節者一百十五人。他若都給事中尹洗、舉人劉會昌、貢生王聯芳，以城陷次日爲賊收獲，亦不屈死。賊揭其首於竿，書曰：「據城抗節，惡官逆子。」見者飲泣。

湯文瓊，字兆鰲，石埭人。授徒京師，見國事日非，數獻策闕下，不報。京師陷，慨然語其友曰：「吾雖布衣，獨非大明臣子耶？安忍見賊弑君篡國。」乃書其衣衿曰：「位非文丞相之位，心存文丞相之心。」投繯而卒。

福王時，給事中熊汝霖上疏曰：「北都之變，臣傳詢南來者，確知魏藻德爲報名入朝之首，梁兆陽、楊觀光、何瑞徵爲從逆獻謀之首，其他皆稽首賊庭，乞憐恐後。而文瓊以閭閻匹夫，乃能抗志捐生，爭光日月。賊聞其衣帶中語，以責陳演，卽斬演於市。文瓊布衣死節，賊猶重之，不亟表章，何以慰忠魂，勵臣節。」乃贈中書舍人，祀旌忠祠。

時都城以布衣盡節者，又有范箴聽、楊鉉、李夢禧、張世禧輩。福王建國，喪亂益甚，且見聞不詳，未盡表章。

箴聽，端方有義行。高攀龍講學都下，受業其門。魏國公徐允禎延爲館賓，數進規諫。允禎或倨見他客，箴聽至，輒斂容。賊入，置一棺，偃臥其上，絕食七日死。鉉，善寫眞。京師陷，攜二子赴井死。夢禧，負志節，與妻杜、二子、二女、一婢俱縊死。世禧，儒士也，亦與二子懋賞、懋官俱縊死。

又有周姓者，悲憤搥胸，嘔血數升而死。而柏鄉人郝奇遇，居京師，聞變，謂妻曰：「我欲死難，汝能之乎？」妻曰：「能。」遂先死。奇遇瘞畢，服藥死。

許琰，字玉仲，吳縣人。幼有至性，嘗刲臂療父疾。爲諸生，磊落不羈。聞京師陷，帝殉社稷，大慟，誓欲舉義兵討賊。走告里薦紳，皆不應。端午日過友人，出酒飲之，琰擲杯大詬曰：「今何日，我輩讀聖賢書，尙縱酒如平日耶！」拂衣徑去。已，聚哭明倫堂，琰衰杖擗踊，號泣盡哀。御史謁文廟，猶吉服。琰率諸生責以大義，御史惶悚謝罪去。及南都頒監國詔，而哀詔猶未頒。琰益憤慟，趨古廟自經，爲人所解，乃步至胥門，投於河。潞王舟至，拯之出，詢其故，嗟嘆良久。識琰者掖以歸，家人旦夕守，不得死，遂絶粒。尋聞哀詔至，卽庭中稽首號慟，幷不復言，以六月三日卒。鄉人私謚曰潛忠先生。南中贈五經博士，祀旌忠祠。

是時諸生殉義者，京師則曹肅、藺衞卿、周讜、李汝翼，大同則李若葵，金壇則王明灝，丹陽則王介休，雞澤則殷淵，肥鄉則宋湯齊、郭珩、王拱辰。

肅，曾祖子登，仕爲甘肅巡撫。賊入，肅與祖母姜、母張、嫂李及弟持敵、妹持順、弟婦鄧並自縊。衞卿止一幼女，託其友，亦自縊。讜被執，罵賊不屈死。汝翼，布政使本緯子。亦罵賊，被磔死。若葵與親屬九人皆自縊，題曰一門完節。明灝聞變，日夕慟哭，家人解慰之。託故走二十里外，投水死。介休，不食七日死。

淵，字仲弘。父大白，官監軍副使，爲楊嗣昌所殺。淵負奇氣。從父兵間，善技擊，嘗欲報父讐。及賊破雞澤，謀起兵恢復。俄聞京師陷，卽同諸生黃祐等悲號發喪，約山中壯士，誅賊所置官。僞令秦植踉蹌走，乃入城，行哭臨禮，義聲大震。爲奸人所乘，被殺，遠近悼之。湯齊、珩、拱辰亦起兵討賊，爲賊將張汝行所害。

王喬棟，雄縣人。舉進士，授朝邑知縣。縣人王之宋爲魏忠賢黨所惡，坐以贓，下喬棟嚴徵。喬棟不忍，封印於庫而去。巡撫怒，將劾之。士民擁署號呼，乃止。崇禎初，起順天教授，累遷湖廣參政。楚中大亂，諸道監司多不至，喬棟兼綰數篆。乙酉夏，李自成據武昌，喬棟時駐興國州。城爲賊陷，自經城樓上。

張繼孟，字伯功，扶風人。萬曆末年進士。知濰縣。天啓三年擢南京御史，未出都，奏籌邊六事，末言已被抑南臺，由錢神世界，公道無權，宜嚴禁餽遺。帝令實指，繼孟以風聞對，詔詰責之。左都御史趙南星言：「今天下進士重而舉貢輕，京官重而外官輕，在北之科道重而南都輕。乞因繼孟言，思偏重之弊。敕下吏部極力挽回，於用人不爲無補。」於是忌者咸指目繼孟爲東林。尋以不建魏忠賢祠，斥爲邪黨，削奪歸。崇禎二年起故官，上言：

近見冢臣王永光「人言踵至」一疏，語語謬戾。其曰「惠世揚等借題當議」。夫云借者，無其事而借名也。世揚與楊漣、左光斗同事同心，但未同死耳。今楊、左業有定議，世揚方昭揭於天下後世，奈何以借名之，謬一。

又曰「高捷、史𡏖發奸已驗，特用宜先」。夫捷、𡏖之糾劉鴻訓也，爲楊維垣等報讐耳。鴻訓輔政，止此一事快人意。其後獲罪以納賄，非以捷、𡏖劾也。今指護奸者爲發奸，謬二。

又曰「諸臣所擁戴者，錢謙益、李騰芳、孫愼行」。夫謙益本末，陛下近亦洞然。至騰芳、愼行，天下共推服。會推之時，永光身主其議。乃指公論爲擁戴，謬三。

又曰「欲諸臣踈一面網，息天下朋黨之局」。信斯言也，則部議漏張文熙等數十人，是爲疎網，而陛下嚴核議罪，反開朋黨之局乎？謬四。

且永光先爲御史李應昇所糾，今又爲御史馬孟正、徐尙勛等所論。而推轂永光者先爲崔呈秀、徐大化，今則霍維華、楊維垣、張文熙，其賢不肖可知矣。

後又劾南京兵部尙書胡應台貪汚。帝並不納。永光深疾之，出爲廣西知府。土酋普名聲久亂未靖，繼孟設計戢之，一方遂安。稍遷浙江鹽運使，忤視鹽內官崔璘，左遷保寧知府。尋進副使，分巡川西。

十七年八月，張獻忠寇成都，與陳其赤、張孔教、鄭安民、方堯相等佐巡撫龍文光協守，城陷被執。獻忠僭帝號，欲用諸人備百官。繼孟等不爲屈，乃被殺，妻賈從之。

其赤，字石文，崇仁人。崇禎元年進士。歷兵備副使，轄成都。城陷，投百花潭死，家人同死者四十餘人。

孔教，字魯生，會稽人。舉於鄉。歷四川僉事，不屈死。子以衡，奉母孔南竄，匿不使知。踰年母詣以衡書室，見副使周夢尹請孔教卹典疏，隕絕，罵以衡曰：「父死二載，我尚偷生，使我無顏見汝父地下！」遂取刀斷喉死。

安民，浙江貢生，歷蜀府左長史。賊圍成都，分守南城，城陷，不屈死。

堯相，字紹虞，黃岡人。官成都同知，監紀軍事，兵食不足，泣請於蜀王，王不允，自投於池，以救免。次日城陷，被殺於萬里橋下。總兵劉佳胤亦盡節。

劉士斗，字瞻甫，南海人。崇禎四年進士。知太倉州，有政聲。忤上官，中計典，謫江西按察司知事，擢成都推官。十六年，御史劉之勃薦爲建昌兵備僉事。明年八月，賊將入境，之勃促之行。士斗曰：「安危生死與公共，復何往。」城陷被執，見之勃與張獻忠語，大呼曰：「此賊也，公不可少屈！」獻忠怒，命捽以上，士斗又返顧之勃，語如前，遂闔門被殺。

同時，沈雲祚，字子凌，太倉人。崇禎十三年進士。知華陽縣。有奸民爲搖、黃賊耳目，設策捕戮之。賊破夔門，成都大震，雲祚走謁蜀王，陳守禦策，不聽。聞內江王至淥賢，往說之曰：「成都危在旦夕，而王府貨財山積，不及今募士殺賊，疆場淪喪，誰爲王守？」至淥言於王，不聽。賊迫成都，王始出財佐軍，已無及。城陷，獻忠欲用之，幽之大慈寺而遣其黨饋食，以刃脅降，不屈，遂遇害。

王勵精，蒲城人。崇禎中，由選貢生授廣西府通判，仁恕善折獄。歲凶，毀銀帶易粟，減價糶。富人聞之，爭出粟，價遂平。遷崇慶知州，多善政。

十七年，張獻忠陷成都，州人驚竄。勵精朝服北面拜，又西向拜父母，從容操筆書文信國成仁取義四語於壁，登樓縛利刃柱間，而置火藥樓下，危坐以俟。俄聞賊騎渡江，卽命舉火，火發，觸刃貫胸而死。賊歎其忠，斂葬之。其墨迹久逾新，滌之不滅。後二十餘年，州人建祠奉祀，祀甫畢，壁卽頹，遠近歎異。

先是，十三年賊犯仁壽，知縣鄱陽劉三策拒守，城陷不屈死，贈尚寶司丞。及是再陷，知縣顧繩貽遇害。賊陷郫縣，主簿山陰趙嘉煒守都江堰，賊誘降，不從，投江死。陷縣竹，典史卜大經與其僕俱縊死，鄉官戶部郎中刁化神亦死之。

他若滎縣知縣漢陽秦民湯、蒲田知縣江夏朱蘊羅、興文知縣漢川艾吾鼎、南部知縣鄭夢眉、中江教諭攝劍州事單之賓，皆殉難。夢眉夫婦並縊。蘊羅、吾鼎闔家被難。宗室朱奉鉚，由進士歷御史，劾督師丁啓睿諸疏，爲時所稱。時里居，幷及於難。

尹伸，字子求，宜賓人。萬曆二十六年進士。授承天推官。屢遷南京兵部郎中、西安知府、陝西提學副使、蘇松兵備參政。公廉強直，不事婞阿，三任皆投劾去。天啓時，起故官，分守貴州威清道。貴陽圍解，巡撫王三善將深入，伸頗贊之，監軍西征。三善敗歿，伸突圍歸，坐奪官，戴罪辦賊。四年，賊圍普安，伸赴援，賊解去，遂移駐其地。賊復來攻，率參將范邦雄破走之，逐北至三岔河。總督蔡復一上其功，免戴罪，貶一秩視事。

崇禎五年歷河南右布政使，以失禦流賊，罷歸。伸所至與長吏迕，然待人有始終，篤分義，工詩善書，日課楷書五百字，寒暑不輟。張獻忠陷敘州，匿山中，搜得之，罵不肯行。

賊重其名，不殺。至井研，罵益厲，遂攢殺之。福王時，起太常卿，伸已先死。

蜀中士大夫在籍死難者，成都則雲南按察使莊祖誥，廣元則戶科給事中吳宇英，資縣則工部主事蔡如蕙，郫縣則舉人江騰龍。而安岳進士王起峩、渠縣禮部員外郎李含乙，皆舉義兵討賊，不克死。

高其勳，字懋功。初襲千戶，後舉武鄉試，爲黔國公標下中軍。吾必奎反，擢參將，守禦武定。及沙定洲再反，分兵來攻。固守月餘，城陷，衣冠望北拜，服毒死。

時有陳正者，世爲大理衞指揮，未嗣職。沙賊陷城，督衆巷戰，手馘數賊而死。

王承憲者，襲祖職爲楚雄衞指揮，擢遊擊，爲副使楊畏知前鋒。定洲來攻，凡守禦備悉，畏知深倚之。賊去復至，承憲偕土官那龠等出城衝擊，賊皆披靡，俄爲流矢所中死。弟承瑱力戰死，一軍盡歿。

賊進圍大理時，太和縣丞王士傑佐上官畢力捍禦，城陷，死城上。同死者，大理府教授段見錦、經歷楊明盛及子一甲、司獄魏崇治。而故永昌府同知蕭時顯，解任，以道阻，寓居大理，亦自經。

士人同死者，舉人則高拱極投池死，楊士俊同母妻妹自焚死。諸生則尹夢旗、夢符、馮大成倡義助守，罵賊死，楊憲偕妻女、子婦、姪女、孫女、弟婦一門自焚死。楊孫旣死復甦，妻竟死。人稱太和節義爲獨盛云。

單國祚者，會稽人，爲通海典史。城陷，握印坐堂上，罵賊被殺，印猶在握。縣人葬之諸葛山下。

張耀，字融我，三原人。萬曆中，舉於鄉。知聞喜縣，慈惠撫民，民爲立祠。崇禎中，歷官貴州布政使。張獻忠死，其部將孫可望、李定國等率衆奔貴州。耀急言於巡撫，請發兵民守禦，巡撫以衆寡不敵難之。俄賊衆奄至，耀率家衆乘城拒擊。城陷被執，賊帥與耀皆秦人，說之曰：「公若降，當用爲相。」耀怒詈不屈，賊執其妾媵怵之曰：「降則免一家死。」耀詈益甚，賊殺之，幷其家屬十三人。

時鄉官吳子騏、劉琯、楊元瀛等率鄉兵敗賊，賊來益衆，戰敗被執，俱不屈死。

子騏，字九逵，貴陽人。萬曆中，舉於鄉，知興寧縣。天啓時，安邦彥圍貴陽，子騏以母在城內，倉皇棄官歸。崇禎十年，蠻賊阿烏謎叛，陷大方城，逐守將。總督朱燮元屬子騏詣六廣，走書召諸目，曉以利害，果乞降。燮元上其功，優旨獎賞。

琯戶部主事，元瀛府同知，並起家鄉舉。同時譚先哲，平壩衞人，子騏同年生也。官戶部郎中。賊陷其城，與里人石聲和皆闔家殉難。聲和，天啓中，舉於鄉，官寧前兵備參議。有顧人龍者，定番州人，嘗出仕，解職家居。流賊來犯，率士民拒守，殺賊甚衆。城破，大罵而死。

可望寇安平，僉事臨川曾益集衆拒守，城陷死之。

曾異撰，榮昌人。舉於鄉，知永寧州。可望旣陷貴州，將長驅入雲南。異撰與其客江津進士程玉成、貢生龔茂勳謀曰：「州據盤江天險，控扼滇、黔，棄之不守，事不可爲矣。」遂集衆登陴守，城陷，自焚死。

米壽圖，宛平人。崇禎中，由舉人知新鄉縣。土寇來犯，督吏民破走之，斬首千二百餘級。以治行徵授南京御史。

十五年四月檄論監軍張若騏罪，〔一〕言：「若騏本不諳軍旅，諂附楊嗣昌，遂由刑曹調職方。督臣洪承疇孤軍遠出，若騏任意指揮，視封疆如兒戲。虛報大捷，躐光祿卿，冒功罔上，恃鄉人謝陞爲內援。陞奸險小人，非與若騏駢斬，何以慰九廟之靈。」會廷臣多糾若騏，遂論死，陞亦除名。初，嗣昌倡練兵之議，擾民特甚。壽圖疏陳十害，又言：「往時督撫多用京卿，今封疆不靖，遇卿貳則爭先，推督撫則引避。宜嚴加甄別，內外兼補。」因劾偏沅巡撫陳睿謨、廣西巡撫林贄貪黷。帝納其言。

十七年五月，福王立，馬士英薦用阮大鋮，壽圖論劾。七月，出按四川。時川地已爲張獻忠所據，命吏部簡堪任監司守令者從壽圖西行。至則與督師王應熊、總督樊一蘅等聯絡諸將，號召遠近，漸復川南郡縣。

唐王立，擢右僉都御史，巡撫貴州。大清順治四年，獻忠遺黨孫可望等陷貴陽，壽圖出奔沅州。十一月，〔三〕沅州亦陷，壽圖死之。

耿廷籙，臨安河西人。天啓四年舉於鄉。崇禎中，知耀州，有能聲。十五年夏，疏陳時政，言：「將多不若將良，兵多不若兵練，餉多不若餉核。」又言：「諸臣恩怨當忘，廉恥當勵。小怨必報，何不大用於斷頭飲血之元兇；私恩必酬，何不廣用於鵠面鳩形之赤子。」優旨褒納。擢山西僉事，改監宣府軍。

十七年，京師陷，走南都。十一月以張獻忠亂四川，命加太僕少卿赴雲南監沙定洲軍，由建昌入川討賊。明年三月，四川巡撫馬乾罷，卽拜廷籙右僉都御史代之。未赴，而定洲作亂，蜀地亦盡失，遂止不行。後李定國掠臨安，過河西，廷籙聞之赴水死。妻楊被執，亦不屈死。

馬乾者，昆明人。舉崇禎六年鄉試，爲四川廣安知州。夔州告警，巡撫邵捷春檄乾攝府事。張獻忠攻圍二十餘日，固守不下。督師楊嗣昌兵至，圍始解。擢川東兵備僉事。成都陷，巡撫龍文光死，蜀人共推乾攝巡撫事。賊陷重慶，留其將劉廷舉戍守。乾擊走之，復其城。督師王應熊劾乾淫掠，奪職提訊。會蜀地大亂，詔命不至，乾行事如故。乃傳檄遠近，協力討賊。廷舉旣敗去，賊遣劉文秀等以數萬衆來攻，乾固守。曾英等援兵至，賊敗還。及獻忠死，其黨孫可望等南奔，大清兵追至重慶，乾戰敗而死。

席上珍，姚安人。崇禎中，舉於鄉。磊落尙節義，聞孫可望、李定國等入雲南，與姚州知州何思、大姚舉人金世鼎據姚安城拒守。可望遣張虎攻陷之，世鼎自殺，上珍、思被執至昆明。可望呵之，上珍厲聲曰：「我大明忠臣，肯爲若屈耶！」可望怒，命引出斬之，大罵不絕，遂磔於市。思亦不屈死。

有孔師程者，昆明人，以從軍得官。至是糾合晉寧、呈貢諸州縣，起兵拒賊。定國率衆奄至，師程遁，晉寧知州石阡冷陽春、呈貢知縣嘉興夏祖訓並死之。晉寧舉人段伯美，諸生余繼善、耿希哲助陽春城守，亦殉難。

賊陷富民，貢生李開芳妻及二子俱赴井死。開芳走至松花壩自經，其友王朝賀掩埋訖，亦自經。在籍知縣陳昌裔不受僞職，爲賊杖死。

楚雄舉人杜天禎，初佐楊畏知拒沙賊，頻有功。後畏知督兵擊可望敗績，天禎聞之即自盡。

臨安之陷，進士廖履亨赴水死。

徐道興，睢州人。崇禎末，官雲南都司經歷，署師宗州事，廉潔愛民。孫可望等入雲南，破曲靖。巡按羅國瓛方按部其地，與知府焦潤生被執。可望欲降之，國瓛不屈，攜至昆明，自焚死。潤生亦不屈死。

道輿見賊逼，集士民諭之曰：「力薄兵寡，不能抗賊，吾死分也。若等可速去。」民請偕行，道輿厲聲曰：「封疆之臣死封疆，吾將安之！」衆雨泣辭去。舍中止一僕，出俸金二錠授之曰：「一以賜汝，一買棺斂我。」僕大哭，請從死。道輿曰：「爾死，誰收吾骨？」僕叩頭號泣乃去。及賊入署，令出迎其將。道輿大罵，擲酒杯擊之，罵不絕口，遂被殺。

國瓛，嘉定州人，崇禎十六年進士。潤生，修撰竑子。同時張朝綱，廣通人，由貢生授渾源州同知，解職歸。可望等兵至，與其妻馮並縊死，子諸生耀葬親訖，亦縊死。

劉廷標，字霞起，上杭人。王運開，字子朗，夾江人。廷標由貢生歷永昌府通判。運開舉於鄉，授永昌推官。

沙定洲之亂，黔國公沐天波走永昌。及孫可望等入雲南，馳檄諭天波降。時運開攝監司事，廷標攝府事，方發兵守瀾滄，而天波將遣子納款，諭兩人以印往。兩人堅不予，各遣家人走騰越。永昌士民聞賊所至屠戮，號泣請運開納款紓禍，運開不可，慰遣之。又詣廷標，廷標亦不可，衆大哭。廷標取毒酒將飲，乃散去。兩人相謂曰：「衆情如此，吾輩惟一死自靖耳。」是夕，運開先自經。廷標聞之曰：「我老當先死，王乃先我。」遂沐浴，賦詩三章，亦自經。兩家子弟自騰越來奔喪，厝畢復返。

可望等重兩人死節，求其後，或以運開弟運閎對，卽聘之。行至潞江，謂其僕曰：「吾兄弟可異趣耶！吾死，若收吾骨與兄合葬。」遂躍入江死。

校勘記

〔一〕極論監軍張若騏罪　張若騏，明史稿傳一七二米壽圖傳及懷宗實錄卷一五崇禎十五年四月壬戌條都作「張若麒」。

〔二〕十一月　原作「十一年」，據明史稿傳一七二米壽圖傳改。

明史卷二百九十六

列傳第一百八十四

孝義

孝弟之行，雖曰天性，豈不賴有教化哉。自聖賢之道明，誼辟英君莫不汲汲以厚人倫、敦行義爲正風俗之首務。旌勸之典，賁於閭閻，下逮委巷。布衣之畂、匹夫匹婦、兒童稚弱之微賤，行修於閨閫之中，而名顯於朝廷之上。觀其至性所激，感天地，動神明，水不能濡，火不能爇，猛獸不能害，山川不能阻，名留天壤，行卓古今，足以扶樹道教，敦厲末俗，綱常由之不泯，氣化賴以維持。是以君子尙之，王政先焉。至或刑政失平，復讐洩忿，或遭時不造，荒盜流離，誓九死以不回，冒白刃而弗顧。時則有司之辜，民牧之咎，爲民上者，當爲之惻然動念。故史氏志忠孝義烈之行，如恐弗及，非徒以發側陋之幽光，亦以覘世變，昭法戒焉。

明太祖詔舉孝弟力田之士，又令府州縣正官以禮遣孝廉士至京師。百官聞父母喪，不待報，得去官。割股臥冰，傷生有禁。其後遇國家覃恩海內，輒以詔書從事。有司上禮部請旌者，歲不乏人，多者十數。激勸之道，綦云備矣。實錄所載，莫可殫述，今採其尤者輯爲傳。餘援唐書例，臚其姓氏如左。

其事親盡孝，或萬里尋親，或三年廬墓，或聞喪殞命，或負骨還鄉者，洪武時，則有麗水祝崑，上元徐眞童、李某女，龍江衞丁歪頭，懷寧曹鏞、鏞妻王氏，徐州王僧兒，廣德姚觀壽，廣武衞陳禮關，桃源張注，江浦張二女勝奴，上海沈德，溧陽史以仁，丹徒唐川，邳州李英，北平東安王重，遵化張拾，保定顧仲禮，欒亭杜仁義妻韓氏，昌平劉驢兒，保定新城王興，祁陽郝安童，山東寧海姜瑜，汶上侯昱，孟縣李德，鞏縣給事中魏敏，登封王中，舞陽周炳，臨桂李文選。而鈞州張宗魯以瞽子有孝行，十七年被旌。

永樂間，則有大興王萬僧奴，東光回滿住，金吾右衞何黑厮，金吾後衞包三，武功中衞蔣小保、周阿狗，錦州衞趙興祖，旗手衞周來保，大寧前衞滑中，保安衞徐宗賢，羽林前衞孫志，漢府左護衞千戶許信男斌，江寧浦阿住、沈得安、嚴分保，上元馮添孫、邵佛定，上海沈氏妙蘭，儀眞韓福緣，江陰衞徐佛保，府軍衞浦良兒，府軍後衞王保兒、潘丑兒，水軍右衞黃阿回，廣武衞百戶劉玉，蘇州衞張阿童，廣洋衞鄭小奴，大河衞朱阿金，興武衞張彥昇，龍江提舉司匠張貴、胡佛保、聶廣，永新左興兒，濟陽張思名，泰安張翼，肥城趙讓，安邑張普圓，永寧王仕能，陽武劉大，靈寶賀貳，鈞州袁節，膚施陳七兒，鳳翔梁準。

洪熙間，則有江陰趙鉉。

宣德間，則有慶都邊靖，南樂康祥、楊鐸，內黃崔克昇，江寧張繼宗，定遠王絅，舒城錢敏，徐州衞張文友，歸德衞任貴，浮梁洪信文，堂邑趙巖，汶上馬威，翼城劉原眞，太康順孫陳智，鈞州楊鼐，延安衞指揮王永、安岳、李遇中。

正統間，則有大興劉懷義，元城谷眞，邢臺劉鏞，獻縣崔鑑，通州左衞總旗孫雄，昌黎侯顯，新樂孫禮，定興魏整，交河田畯，柏鄉張本，歸德楊敬，井陘畢鸞，永年楊忠，永清右衞穆弘，武驤左衞成貴，江寧顧暘，舒城吏部主事胡紀、御史王紹，廬江張政，武進胡長寧，徐州金暠、王豫，桐城檀郁，歸德衞呂仲和，麻城趙說，聊城裴俊，陵縣虎賁左衞經歷張讓，費縣葛子成，樂安孫整，冠縣陳勉，臨清賈貴，郯城郭秉，東平張琛，德州張泰，平陰王福緣，猗氏王約，高平王起孝、太僕丞王璲，介休楊智，興縣郭安，朔州衞吳順，杞縣高朗，太康軒茂良，鄭州邢恭，祥符李斌，鳳翔石玫，膚施劉友得、張信，邠州郭元，延安衞薛廣，蘭州吳仕坤。〔一〕

景泰間，則有成安張憲，威縣傅海，邳州岑義，鳳陽李忠，徐州朱環，宿州郭興、李寬，泗州衞蔡興，龍泉顧佛僧，龍游常州通判徐珙，武昌衞吳綬，靖州衞方觀，鄆城李逵，朝城王禮，聊城朱舉，洛陽昌黎訓導閻禹錫。

天順間，則有宛平龔然勝，遷安蔣盛，永清賈懋，任丘黃文，唐縣寇林、大寧指揮張英，平山衞房鎮，忠義衞總旗鍾通，潼關衞楊順通、順素，蒙城汪泉，六合胡琛，合肥高興、張俊，和州獲嘉知縣薛良，上元龍景華，杭州姚文、姚得，平湖夔州知府沈琮，金華宗社，德州尹綸，東昌許通，臨汾續鳳，絳州陳璽，鄢陵解禮、順孫張縉，上蔡朱儉，同州侯智，醴泉張璉，西安前衞張軫，延安衞指揮柏英，太和楊寧，金齒衞徐訥。

成化間，則有神機營指揮方榮，太醫院生安陽郭本，順天舉人萬盛，順天東安昌樂訓導周尚文，武清柳芳，玉田李茂，無極李皚，開州任勉、陳璋、僉事侯英及弟俔、副使甘澤，贊皇劉哲，平山光祿署丞李傑，莘縣李志及子忱，邢臺井澍，豐潤馬敬，柏鄉高明，定州竇文眞、王達，平鄉張翺、史諫、史誼，永平秦良、朱輝，武平衞成綱、楊昇，隆慶左衞衞瑾，宣府左衞何文玘，潼關衞千戶藍瑄，遼東定遼左衞劉定、東寧衞序班劉鼎，江寧福建參議盧雍，徐州吳友直、路車、張棟，山陽楊旻、順孫王鉉，滁州黃正，長洲朱灝，無錫秦永孚、仲孚，合肥沈譓，六安黃用賢，沭陽支儉，休寧吳仲成，懷寧吳本清，沛縣蔡清，歸德衞沈忠，杭州右衞金洪，黃巖項茂，富陽何訥，浙江西安錦衣百戶鄭得，麗水葉伯廣，海寧董謙，浙江建德蔡廷璪，奉化陸洪，餘干桃源訓導張憲，永豐呂盛，晉江史惠，平溪汪浩，江夏傅實、周璽，監利劉祥，湘陰邵敏，東昌張鋭，莘縣孔昭、趙全，恩縣王弘，汶上張鄜，堂邑王權，陽穀錢道，單縣徐洲，聊城王安、孫良，歷城湖廣布政使王允，曹州黃表、張倫，臨清劉端，壽陽吳宗，潞州張倫，大同楊茂、楊瑞、焦鑑，渾源慶都縣丞王誠，高平李振民，平陽衞指揮僉事楊輔，安東中屯衞王經，許州何清，汜水張俊，信陽王綱、袁洪，汲縣張琛，封丘陳瑛，光州太平通判劉進，羅山王賓，衞輝徐寧，郟縣劉濟，西平尹晃，新鄉王興，確山劉政，長葛蒙陰訓導羅貴，陽武舉人蕭盛，弘農衞習潤，涇陽趙謐、駱森、趙瓛，同州張鼎，洋縣武全，甘州左衞毛綱，華陰周祿，保安李端，合州陳伯剛，臨桂劉本，姚州土官高紫、潼賜。

弘治間，則有大興錢福，宛平序班夏琮，青縣張俸，南和張彪，曲周趙象賢，長垣王鼐，開州甘潤、馬宗範，薊州孟振，遷安韓廷玉，元氏王懋，深州王寧，天津衞鄭海，武平衞王矩，廣寧右衞李周，霍丘徐汝楫，海州定邊衞經歷徐謐，邳州丁友，懷遠徐本忠、劉澄，宣城吳宗周，潁上王翊，鳳陽衞張全，鳳陽張欽、王澄，嘉定縣沈輔、沈珵，崑山徐協祥，豐縣周潭，徐州權宇、楊輔，績溪許欽，英山段弘仁，六安張時厚，蕭縣唐鸞、南傑，錢塘朱昌，仁和陳璋、璋妻錢氏，餘姚黃濟之，桐廬王瑁，江西樂安謝紳，南昌左衞黃璉，安福劉珍，豐城余壽，湖廣寧鄉同知劉端，湘陰甘準，祁陽張機，閬縣高惟一，龍溪王彝，濟南序班谷珍，莘縣白溥，鄒平辛恕，堂邑李尙質，益都冀琮，文登致仕縣丞劉鑑，臨清王祐，寧海州卜懷，陵川徐河、徐瑛，平遙趙澄，澤州宋甫、裴春、舉人李用，興縣白好古，解州李錦，陽曲薛敬，楡次趙復性，屯留衞李淸，儀封謝欽，祥符陳鎧、周府儀賓史經，西平張文佐，河南唐縣李擴，登封王祺，嵩縣杜端，裕州劉宗周，閿鄉薛璋，洛陽護衞軍餘章瀚，鈞州陳希全，新鄭張遂，郟縣黃錦，咸寧舉人楊時敷，涇陽熊玻、張憲，隴西李琦，甘州後衞徐行，博羅何宇新，雲南芮城李錦及子澤、澤子柄，太和楊謫仙，靖安陳伯瑄及子恩。

正德間，則有高邑湘潭驛丞董玹，藁城劉强，定州趙鵬，吳橋段興，直隸新城李瑟，沙河王得時，青陽李希仁，永康歸德訓導應剛，進賢趙氏郡珍，宜春易直，善化陳大用，湘陰蘇純，侯官黃文會，邵武謝思，長山許嗣聰，聊城梁瑾，曲阜孔承夏，日照張旻，臨汾李大經及子承芳，新鄭王科，蒲城雷瑜，嵩明陳大詔。

嘉靖以後，國史不詳載，姓名所可考者，嘉靖間，則有直隸趙進、黃流、張節，冀州王國臣，六安順孫李九疇，望江順孫龍湧，太湖呂腆，沛縣楊晃，潁上王敷政，華亭徐億，浙江龔曇、王晁、孫堪、樓堦、丘敍、吳燧，江西余冠雄、曾柏，福建吳毓嘉、孫炳、丘子能，莆田舉人方重杰，山東宮守禮、王選，河南馮金玉、劉一魁，信陽趙謨，孝婦韓氏、安氏，杞縣邊雲鵠，陝西黃驥、張琛、李實，環縣趙璋，新會容璃，四川李應麒，嘉定州舉人王表，祿豐唐文炳、文蔚，蒙化舉人范運吉、黃巖。又有旌表天下孝子鮑燦、陸爻、徐億等，俱軼其鄉里。

隆慶間，則有大興李彪，靜海周一念、周斐，遷安楊騰，松江舉人馮行可，新鄉張登元，興業何世錦，崇善何埕。

萬曆間，則有直隸韓錫，深州林基，井陘張民望，清豐侯燦，河間吳應奎，平山舉人邢雲衢，邳州張縝，直隸華亭楊應祈，高承順，太湖顧槐，盱眙蔣臚，六安何金，遂安毛存元，江西余錀、徐信，都昌曹珊，萬安劉靜，新建樊儆、舒泰，會昌歐于復，鄱陽李岐，奉新周勃，南昌曹必和，湖廣賈應進，光化蔡玉、蔡佩，黃岡唐治，浦城徐彪，泉州訓導王熺及熺子文昇，晉江韋起宗，山東馬致遠，冠縣申一琴、一攀，岳陽王應科，河南侯鶴齡，歸德賈洙，密縣陳邦寵，舞陽楊愈光，汜水王謙，淅川劉待徵，陝西劉燧，涇陽韓汝復，寧州周大賢，成都後衞楊茂勳，井研曾海，大姚金鯉，蒙化范潤，四川孝女解氏。又有馬錦、張浩、杜惠、孝女楊氏等，不詳邑里。

天啓間，則有安州邵桂，棗強先自正，晉州張蘭，高邑孫喬，上海張秉介，高淳葛至學，旌德江景宗，山陽張致中，歙縣吳棨讓、孝童女胡之憲、玉娥，慈谿馮象臨，吉水郭元達，宜春鍾名揚，峽江黃國賓，臨川傅合，萬載彭夢瑞，南康楊可幸，萬安羅應賚，江西樂安曹希和，安福孝婦王三重妻謝氏，孝感施文星，福建李躍龍，甌寧陳榮，晉江丘應賓，浦城吳昂，禹城給事中楊士衡，泰安范希賢，曹縣王治寧，曲阜孔弘傳，德州紀紹堯，聞喜張學孔，陝州郭一肖，虞城呂桂芳，淅川何大縉，華州孫繩祖，梁山李資孝，又有王錫光不詳邑里。

崇禎間，則有應天王之卿，故城李華先，仁和沈尙志，江西王之範，福建吳宗烜，山東朱文龍，忻州趙裕心，稷山舉人史宗禹，淳化高起鳳，雲南趙文宿。又有王宅中、任萬庫、武世捷、孔維章、浦某、褚咸、孫良輔等，不詳邑里。皆以孝行旌其門。

其同居敦睦者，則有洪武時龍游夏文昭，四世同居。成化間，霸州秦貴，建德何永敬，蒲圻李玘，句容戴睿，饒陽耿寬，俱七世同居，石首王宗義五世同爨，宿遷張賓八世同爨，安東蘇勒，潞城韓錦、李昇，永州唐汝賢，豐城劉志淸，俱六世同居。弘治間，密雲李琚，合肥鄭元，陵川徐梁，安東朱勇，五世同居，慶都黃鍾，定邊衞韓鵬，俱六世同居，孝感程昂七世同居，泰州王玉八世同爨。正德間，山陽丁震五世同居。嘉靖間，石偉十一世同居，遂安毛彥恭六世同居。萬曆間，蕭梅七世同居，滁州盧守一，長治仇大，六世同居，先後得節烈貞女二十三人，太平楊乙六累世同居。天啓間，南城吳煥八世同居。皆旌曰義門。

其輸財助官振濟者，則有正統間千戶胡文郁，訓術李咼，訓科劉文勝，吉安胡有初、謝子寬，浮梁范孔孫，榆次于敏，邳州鞏得海、岑仲暉、高興、葉旺、高宗泰，沭陽葛禎，清河王仲英，山陽鮑越，懷遠廖冠平、張簡，石州張雷，淮安梁辟、李成、俞勝、徐成，潞州李廷玉，羅山王必通，溧陽陸旺，餘干舒彥祥，溫州李倫、鄒有眞，四安何仕能、王淸。景泰間，江陰陳安常。天順間，潮陽郭吾，太原栗仲仁，代州李斌。弘治中，歸善吳宗益、宗義及宗義子璋。隆慶間，永寧王潔、胥瓚。萬曆間，少卿吳炯，浙江董欽等，臨淸張氏，江西胡士琇、丁果、婁世潔、黎金球，山西孫光勳、高自修，亳州李文明，順義楊惟孝。天啓間南城吳煥。崇禎間席本楨等。皆旌爲義門，或賜璽書褒勞。

孝義一

鄭濂 王澄　徐允讓 石永壽　錢瑛 會鼎　姚玭　丘鐸 李茂

崔敏 劉鎬 顧琇　周琬 虞宗濟等　伍洪 劉文煥　朱煦 危貞昉

劉謹　李德成　沈德四　謝定住 包實夫 蘇奎章　權謹

趙紳 向化 陸尚質　麴祥

鄭濂，字仲德，浦江人。其家累世同居，幾三百年。七世祖綺載宋史孝義傳。六傳至文嗣，旌爲義門，載元史孝友傳。弟文融，字太和，部使者余闕表爲東浙第一家。鄭氏家法，代以一人主家政。文融卒，嗣子欽繼之，嘗刺血療本生父疾。欽卒，弟鉅繼。鉅卒，弟銘當主家政，以兄子渭宗子也，相讓久之，始受事。銘受業於吳萊。銘卒，弟鉉繼。父喪，慟哭三日，髮鬚盡白。元末兵起，大將數入其境，相戒無犯義門。樞密判官阿魯灰軍奪民財，鉉以利害折之，引去。明兵臨婺州，鉉挈家避，右丞李文忠爲扃鑰其家，而遣兵護之歸。至正中卒，渭繼。渭卒，弟濂繼。

濂受知於太祖，昆弟由是顯。濂以賦長詣京師，太祖問治家長久之道。對曰：「謹守祖訓，不聽婦言。」帝稱善，賜之果，濂拜賜懷歸，剖分家人。帝聞嘉歎，欲官之，以老辭。

時富室多以罪傾宗，而鄭氏數千指獨完。會胡惟庸以罪誅，有訴鄭氏交通者，吏捕之，兄弟六人爭欲行，濂弟湜竟往。時濂在京師，迎謂曰：「吾居長，當任罪。」湜曰：「兄年老，吾自往辨。」二人爭入獄。太祖召見曰：「有人如此，肯從人爲逆耶？」宥之，立擢湜爲左參議，命舉所知。湜舉同郡王應等五人，皆授參議。湜，字仲持，居官有政聲。南靖民爲亂，詿誤者數百家，湜言於諸將，盡釋免。居一歲，入覲，卒於京。

十九年，濂坐事當逮，從弟洧曰：「吾家稱義門，先世有兄代弟死者，吾可不代兄死乎？」

詣吏自誣服，斬於市。洧，字仲宗，受業於宋濂，有學行，鄉人哀之，私謚貞義處士。

濂卒，弟渶繼。二十六年，東宮缺官，命廷臣舉孝弟敦行者，衆以鄭氏對。太祖曰：「其里王氏亦倣鄭氏家法。」乃徵兩家子弟年三十上者，悉赴京，擢濂弟濟與王懃爲春坊左、右庶子。後又徵濂弟沂，自白衣擢禮部尚書，年餘，致仕。永樂元年入朝，留爲故官。未幾，復謝去。濂從子幹官御史，棠官檢討。他得官者復數人，鄭氏愈顯。濟、棠皆學於宋濂，有文行。

初，渶嘗仕元爲浙江行省宣使，主家政數年。建文帝表其門，渶朝謝，御書「孝義家」三字賜之。燕兵既入，有告建文帝匿其家者，遣人索之。渶家廳事中，列十大櫃，五貯經史，五貯兵器備不虞。使者至，所發皆經史，置其半不啓，乃免於禍，人以爲至行所感云。成化十年，有司奏鄭永朝世敦行義，復旌以孝義之門。

自文融至渶，皆以篤行著。文融著家範三卷，凡五十八則，子欽增七十則，從子鉉又增九十二則，至濂弟濤與從弟泳、澳、湜，白于兄濂、源，共相損益，定爲一百六十八則，刊行焉。

王澄，字德輝，亦浦江人。歲儉，出粟貸人，不取其息。有鬻產者，必增直以足之。慕義門鄭氏風，將終，集子孫誨之曰：「汝曹能合食同居如鄭氏，吾死目瞑矣。」子孫咸拜受教。澄生三子子覺、子麟、子偉，克承父志。子覺生應，卽爲鄭湜所舉擢參議者。子偉生懃，卽與鄭濟並擢庶子者。義門王氏之名，遂埒鄭氏。

又有王燾者，蘄水人，七世同居，一家二百餘口，人無間言。洪武九年十一月，詔旌爲孝義之門。

徐允讓，浙江山陰人。元末，賊起，奉父安走避山谷間。遇賊，欲斫安頸。允讓大呼曰：「寧殺我，勿殺我父！」賊遂舍安殺允讓。將辱其妻潘，潘紿曰：「吾夫已死，從汝必矣。若能焚吾夫，則無憾也。」賊許之，潘聚薪焚夫，投烈焰中死。賊驚歎去，安獲全。洪武十六年，夫婦並旌。

同時石永壽者，新昌人。負老父避賊，賊執其父將殺之，號泣請代，賊殺永壽而去。

錢瑛，字可大，吉水人。生八月而孤，年十三能應秋試。及長，值元季亂，奉祖本和及母避難，歷五六年。遇賊，縛本和，瑛奔救，幷縛之。本和哀告貰其孫，瑛泣請代不已，賊憐而兩釋之。時瑛母亦被執，瑛妻張從伏莽中竊見，卽趨出，謂賊曰：「姑老矣，請縛我。」賊從之，旣就縛，擲袖中鞵與姑，訣曰：「婦無用此矣。」且行且睨姑，稍遠卽罵賊不肯行。賊持之急，罵益厲，賊怒，攢刃刺殺之。事定，有司知瑛賢，凡三薦，並以親老辭。子遂志成進士，官山東僉事。

同時曾鼎，字元友，泰和人。祖懷可、父思立，並有學行。元末，鼎奉母避賊。母被執，鼎跪而泣請代。賊怒，將殺母，鼎號呼以身翼蔽，傷頂肩及足，控母不舍。賊魁繼至，憫之，攜其母子入營療治，獲愈。行省聞其賢，辟爲濂溪書院山長。洪武三年，知縣郝思讓辟敎設學。鼎好學能詩，兼工八分及邵子數學。

姚玭，松江人。元至正中，苗帥楊完者兵入境。玭奉母避於野，阻河不可渡。母泣曰：「兵至，吾誓不受辱。」遂沉於水。玭急投水救之，負母而出。已，數遇盜，中矢，玭佯死伏屍間以免，乃奉母過湖、淮。後母疾思食魚，暮夜無從得，家養一烏，忽飛去攫魚以歸。洪武初，行省聞其賢，辟之，以親老不就。

丘鐸，字文振，祥符人。元末，父爲湖廣儒學提舉。値兵亂，鐸奉父母播遷，賣藥供甘旨。母卒，哀慟幾絕。葬鳴鳳山，結廬墓側，朝夕上食如生時。當寒夜月黑，悲風蕭瑟，鐸輒繞墓號曰：「兒在斯！兒在斯！」山深多虎，聞鐸哭聲避去。時稱眞孝子。鐸初避寇慶元，從祖父母居故鄉者八人，貧不能自存，鐸悉迎養之。有姑年十八，夫亡守節，鐸養之終身。

後有李茂者，澄城諸生也。母患惡瘡，茂日吮膿血，夜則叩天祈代。及卒，結廬墓旁，朝夕悲泣。天大雨，懼衝其墓，伏墓而哭，雨止乃已。父卒，廬墓如之。成化二年旌。二子表、森，森爲國子生。茂卒，兄弟同廬於墓。弘治五年旌。表子俊亦國子生，表卒，俊方弱冠，廬墓終喪。母卒，亦如初。正德四年旌。

崔敏，字好學，襄陵人。生四十日，其父仕元爲綿竹尹，父子隔絕者三十年。敏依母兄以居。元季寇亂，母及兄俱相失。亂定，入陝尋母不得。由陝入川，抵綿竹，求父塚，無知者。復還陝，訪諸親故，始知父殯所在，乃啓攢負骸歸。時稱崔孝子。

同時劉鎬，江西龍泉人。父允中，洪武五年舉人，官憑祥巡檢，卒於任。鎬以道遠家貧，不能返柩，居常悲泣。父友憐之，言於廣西監司，聘爲臨桂訓導。尋假公事赴憑祥，莫知葬處。鎬晝夜環哭，一蒼頭故從其父，已轉入交阯。忽暮至，若有憑之者，因得塚所在。刺血驗之良是，乃負歸葬。

有顧琇者，字季粟，吳縣人。洪武初，父充軍鳳翔，母隨行，留琇守丘墓。越六年，母歿。琇奔赴，負母骨行數千里，寢則懸之屋梁，涉則戴之於頂。父釋歸卒。水漿不入口五日，不勝喪而死。

周琬，江寧人。洪武時，父爲滁州牧，坐罪論死。琬年十六，叩閽請代。帝疑受人敎，命斬之，琬顏色不變。帝異之，命宥父死，謫戍邊。琬復請曰：「戍與斬，均死爾。父死，子安用生爲，願就死以贖父戍。」帝復怒，命縛赴市曹，琬色甚喜。帝察其誠，卽赦之，親題御屛曰「孝子周琬」。尋授兵科給事中。

同時子代父死者，更有虞宗濟、胡剛、陳圭。宗濟，字思訓，常熟人。父兄並有罪，吏將逮治。宗濟謂兄曰：「事涉徭役，國法嚴，往必死。父老矣，兄冢嗣，且未有後，我幸產兒，可代死。」乃挺身詣吏，白父兄無所預。吏疑而訊之，悉自引伏。洪武四年竟斬於市，年二十二。剛，浙江新昌人。洪武初，父謫役泗上，以逃亡當死，敕駙馬都尉梅殷監刑。剛時方走省，立河上竢渡。聞之，卽解衣泅水而往，哀號泣代。殷憫之，奏聞，詔宥其父，幷宥同罪者八十二人。圭，黃巖人。父爲讎人所訐當死，圭詣闕上章曰：「臣爲子不能諫父，致陷不義，罪當死，乞原父使自新。」帝大喜曰：「不謂今日有此孝子，宜赦其父，俟四方朝覲官至，播告之，以風勵天下。」刑部尚書開濟奏曰：「罪有常刑，不宜屈法開僥倖路。」乃聽圭代，而戍其父雲南。

十七年，左都御史詹徽奏言：「太平府民有毆孕婦至死者，罪當絞，其子請代。」章下大理卿鄒俊議，曰：「子代父死，情固可嘉。然死婦繫二人之命，冤曷由申；犯人當二死之條，律何可貸。與其存犯法之父，孰若全無罪之兒。」詔從其議。

伍洪，字伯宏，安福人。洪武四年進士。授績溪主簿，擢上元知縣。丁外艱，服除，以母老不復仕。推資產與諸弟，而已獨隱居養母。有異母弟得罪逃，使者捕弗獲，執其母，洪哭訴求代。母曰：「汝往必死，莫若吾自當之。」洪曰：「安有子在而累母者。」遂行，竟死於市。

時有劉文煥者，廣濟人。與兄文煇運糧愆期，當死。兄以長坐，文煥詣吏請代，叩頭流血。所司上其狀，命宥之，則兄已死矣。太祖特書「義民」二字獎之。

時京師有兄坐法，兩弟各自縛請代。太祖遣使問故，同詞對曰：「臣少失父，非兄無以至今日。兄當死，弟安敢愛其生。」帝陽許之，而戒行刑者曰：「有難色者殺之，否則奏聞。」兩人皆引頸就刃，帝大嗟異，欲幷其兄貰之。左都御史詹徽持不可，卒殺其兄。

朱煦，仙居人。父季用，爲福州知府。洪武十八年詔盡逮天下積歲官吏爲民害者，赴京師築城。季用居官僅五月，亦被逮，病不能堪，謂煦曰：「吾辦一死耳，汝第收吾骨歸葬。」煦惶懼不敢頃刻離。時訴枉令嚴，訴而戍極邊者三人，抵極刑者四人矣。煦奮曰：「訴不訴，等死耳，萬一父緣訴獲免，卽戮死無恨。」卽具狀叩闕。太祖憫其意，赦季用，復其官。

有危貞昉者，字孟陽，臨海諸生。父孝先，洪武四年進士。官陵川縣丞，坐法輸作江浦。貞昉詣闕上疏曰：「臣父絓吏議輸作，筋力向衰，不任勞苦。而大母年踰九十，恐染霜露之疾，貽臣父終天之恨。臣犬馬齒方壯，願代父作勞，俾父獲歸養，死且不朽。」詔從之。

貞昉力作不勝勞，閱七月病卒。

劉謹，浙江山陰人。洪武中，父坐法戍雲南。謹方六歲，問家人「雲南何在？」家人以西南指之，輒朝夕向之拜。年十四，矍然曰：「雲南雖萬里，天下豈有無父之子哉！」奮身而往，閱六月抵其地，遇父於逆旅，相持號慟。俄父患瘋痹，謹告官乞以身代。法令戍邊者必年十六以上，嫡長男始許代。時謹未成丁，伯兄先死，乃歸家攜兄子往。兄子亦弱未能自立，復歸悉鬻其產畀兄子，始獲奉其父還，孝養終身。

李德成，淶水人。幼喪父。元末，年十二，隨母避寇至河濱。寇騎迫，母投河死。德成長，娶婦王氏。摶土爲父母像，與妻朝夕事之。方嚴冬，大雪，氷堅至河底。德成夢母曰：「我處氷下，寒不得出。」覺而大慟，且與妻徒跣行三百里，抵河濱。臥氷七日，氷果融數十丈，恍惚若見其母，而他處堅凍如故。久之，乃歸。

洪武十九年舉孝廉，屢擢尙寶丞。二十七年旌爲孝子。建文中，燕兵逼濟南。德成往諭令還兵，燕兵不退。德成歸，以辱命下吏，已而釋之。永樂初復官，屢遷陝西布政使。

沈德四，直隸華亭人。祖母疾，刲股療之愈。已而祖父疾，又刲肝作湯進之，亦愈。洪武二十六年被旌。尋授太常贊禮郎。上元姚金玉、昌平王德兒亦以刲肝愈母疾，與德四同旌。

至二十七年九月，山東守臣言：「日照民江伯兒，母疾，割脅肉以療，不愈。禱岱嶽神，母疾瘳，願殺子以祀。已果瘳，竟殺其三歲兒。」帝大怒曰：「父子天倫至重。禮父服長子三年。今小民無知，滅倫害理，亟宜治罪。」遂逮伯兒，杖之百，遣戍海南。因命議旌表例。禮臣議曰：「人子事親，居則致其敬，養則致其樂，有疾則醫藥籲禱，迫切之情，人子所得爲也。至臥冰割股，上古未聞。倘父母止有一子，或割肝而喪生，或臥冰而致死，使父母無依，宗祀永絕，反爲不孝之大。皆由愚昧之徒，尚詭異，駭愚俗，希旌表，規避里徭。割股不已，至於割肝，割肝不已，至於殺子。違道傷生，莫此爲甚。自今父母有疾，療治罔功，不得已而臥冰割股，亦聽其所爲，不在旌表例。」制曰：「可。」

永樂間，江陰衞卒徐佛保等復以割股被旌。而掖縣張信、金吾右衞總旗張法保援李德成故事，俱擢尚寶丞。迨英、景以還，卽割股者亦格於例，不以聞，而所旌，大率皆廬墓者矣。

謝定住，大同廣昌人。年十二，家失牛。母抱幼子追逐，定住隨母後。虎躍出噬其母，定住奮前擊之，虎逸去。取弟抱之，扶母行。虎復追齧母頸，定住再擊之，虎復去。行數武，虎還齧母足。定住復取石擊，虎乃舍去，母子三人並全。永樂十二年，帝召見嘉奬，賜米十石、鈔二百錠，旌其門。

先是，洪武中，有包實夫者，進賢人。授徒數十里外，途遇虎，銜衣入林中，釋而蹲。實夫拜請曰：「吾被食，命也，如父母失養何？」虎卽舍去。後人名其地爲拜虎岡。

其後，嘉靖中，筠連諸生蘇奎章，從父入山，猝遇虎。奎章倉皇泣告，願舍父食己，虎曳尾徐去。後爲岷府敎授。

權謹，字仲常，徐州人。十歲喪父，卽哀毁，奉母至孝。永樂四年薦授樂安知縣，遷光祿署丞，以省侍歸。母年九十終，廬墓三年，致泉湧兔馴之異。有司以聞，仁宗命馳驛赴闕，出其事狀，令侍臣朗誦大廷，以示百僚，卽拜文華殿大學士。謹辭，帝曰：「朕擢卿以風天下爲子者，他非卿責也。」尋扈從皇太子監國南京。宣宗嗣位，以疾乞歸，改通政司右參議，賜白金文綺致仕。

子倫，舉永樂中鄉試。養親二十年，親終不仕。倫子宇，父母卒，皆廬墓。成化十二年亦獲旌。

趙紳，字以行，諸暨人。父秩，永樂中爲高郵州學正，考滿赴京，至武城縣墮水。紳奮身下救，河流湍悍，俱不能出。明日屍浮水上，紳兩手抱父臂不釋。宣德五年旌其門。

有向化者，靜海衞人。父上爲衞指揮，墮海死。化號泣求屍不得，亦投於海。忽父屍浮出，衣服盡脫。天方晴霽，雷雨驟作。既息，化首頂父衣，浮至一處。衆異而收葬之。

陸尙質者，山陰人。父渡江遇風，飄舟將入海。尙質自崖見之，卽躍入濤中，欲挽舟近岸。父舟獲濟，而尙質竟溺死。里人呼其處爲陸郞渡。

麴祥，字景德，永平人。永樂中，父亮爲金山衞百戶。祥年十四，被倭掠。國王知爲中國人，召侍左右，改名元貴，遂仕其國，有妻子，然心未嘗一日忘中國也，屢諷王入貢。宣德中，與使臣偕來，上疏言：「臣夙遭俘掠，抱釁痛心，流離困頓，艱苦萬狀。今獲生還中國，夫豈由人。伏乞賜歸侍養，不勝至願。」天子方懷柔遠人，不從其請，但許給驛暫歸，仍還本國。

祥抵家，獨其母在，不能識，曰：「果吾兒，則耳陰有赤痣。」驗之信，抱持痛哭。未幾別去，至日本，啓以帝意。國王允之，仍令入貢。祥乃復申前請，詔許襲職歸養。母子相失二十年，又有華夷之限，竟得遂其初志，聞者異之。

校勘記

〔一〕蘭州吳仕坤　蘭州，原作「南州」，按地理志無「南州」，吳仕坤蘭州人，據明史考證攟逸卷三四改。

明史卷二百九十七

列傳第一百八十五

孝義二

王俊，城武人。父爲順天府知事。母卒於官舍，俊扶櫬還葬，刈草萊爲茇舍，寢處塋側。野火延爇將及，俊叩首慟哭，火及塋樹而止。正統三年被旌。

旌表。

劉準者，唐山諸生。父喪，廬墓。冬月野火將及塚樹，準悲號告天，火遂息。正統六年旌表。

楊敬者，歸德人。父歿於陣，爲木主招魂以葬。每讀書至戰陣之事，輒隕涕不止。母歿，柩在堂。鄰家失火，烈焰甚迫，敬撫柩哀號，風止火滅。正統十三年旌表。

石鼐，渾源諸生。父歿，廬墓。墓初成，天大雨，山水驟漲。鼐仰天號哭，水將及墓，忽分兩道去，墓獲全。弘治五年旌表。

任鏜，夏邑人。嫡母卒，廬於墓。黃河衝溢，將齧塋域。鏜伏地號哭，河卽南徙。嘉靖二十五年旌表。

史五常，內黃人。父萱，官廣東僉事。卒，葬南海和光寺側。五常方七歲，母攜以歸。比長，奉母至孝，常恨父不得歸葬。母語之曰：「爾父杉木櫬內，置大錢十，爾謹志之。」母歿，廬墓致毁，既終喪，往迎父櫬。時相去已五十年，寺沒於水久矣。五常泣禱，有老人以杖指示寺址。發地，果得父櫬，內置錢如母言，乃扶歸，與母合葬，復廬墓側。正統六年旌表。

周敔，河州衞軍家子也。正統末，聞英宗北狩，大哭，不食七日而死。其子諸生路方讀書別墅，聞父死，慟哭奔歸，以頭觸庭槐亦死。鄉人異之，聞於州。知州躬臨其喪，賻麥四十斛、白金一斤。路妻方氏，厲志守節，撫子堂成立，後爲知縣。

鄭韺，石康人。父賜，舉人，兄䕶，進士。天順中，母爲猺賊所掠。韺年十六，挺身入賊壘，紿之曰：「吾欲丐吾母，豈惜金，第金皆母所瘞，願代母歸取之。」賊遂拘韺而釋母，然其家實無金也，韺遂被殺。廉州知府張岳建祠祀之。

滎瑄，瓊州人。三歲而孤，與兄琇並以孝聞。天順四年，土賊據瓊城，瑄兄弟扶母走避。遇賊，琇謂瑄曰：「我以死衞母，汝急去。」瑄從之，琇與母遂陷賊中。官軍至，琇被執。主將將殺琇，瑄趨至，叩頭流血，泣請曰：「兄以母故陷賊，母老家貧，恃兄爲命，愿殺瑄存兄養母。」主將不察，竟殺瑄。

後有葉文榮，海寧人。弟殺人論死，母日悲泣不食。文榮謂母曰：「兒年已長，有子，請代弟死。」遂詣官服殺人罪，弟得釋，而文榮坐死。

傅檝，字定濟，泉州南安人。祖凱，父浚，並進士。爲部郎。檝年十六舉鄉試，二十成進士。弘治中，授行人，出行襄府。半道聞母病，請入京省視再往竣事。禮部尚書劉春曰：「無害於若，而可教孝。」奏許之。

浚後遷山東鹽運司同知。娶繼妻，私其二奴。浚聞將治之，遂暴卒。檝心疑未發，奴遽亡去。久之，偵一奴逃德化縣，傭巨姓家。檝微行往伺奴出，袖鐵椎擊殺之，而其一不可跡矣。

檝不欲見繼母，葬父畢，號慟曰：「父讐尚在，何以爲人！」乃裂衣冠，屛妻子，出宿郊墟間，蓬首垢面，饑寒風雨，不知就避。親戚故人率目之爲狂，檝終不自明也。子熹卒，不哭。或詰之，則垂涕曰：「我不能爲子，敢爲父乎！」繼母卒，乃歸。蓋自廢自罰者三十五年，又十五年而卒。

楊成章，道州人。父泰，爲浙江長亭巡檢。妻何氏無出，納丁氏女爲妾，生成章。甫四歲，泰卒。何將扶櫬歸，丁氏父予之子，而奪其母。母乃剪銀錢與何別，約各藏其半，俟成章長授之。越六年，何臨歿，授成章半錢，告之故。成章嗚咽受命。既冠，娶婦月餘，即執半錢之浙中尋母。母先已適東陽郭氏，生子曰珉，而成章不知也。徧訪之，無所遇而還。

弘治十一年，東陽典史李紹裔以事宿珉家。珉母知爲道州人，遣珉問成章存否，知成章已爲諸生，乃令珉執半錢覓其兄。會有會稽人官訓導者，嘗設教東陽，爲珉師，與成章述珉母憶子狀。成章亦往尋母，遇珉於江西舟次。兄弟悲且喜，各出半錢合之，益信，遂俱至東陽，母子始相聚。自是成章三往迎母不遂，棄月廩，赴東陽侍養。及母卒，廬墓三載始返。

至嘉靖十年，成章以歲貢入都，珉亦以事至，乃述成章尋親事，上之吏部，請進一官。部臣言：「成章孝行，兩地已勘實，登之朝覲憲綱，珉言非謬。昔朱壽昌棄官尋母，宋神宗詔令就官。今所司知而不能薦，臣等又拘例而不請旌，眞有愧於古誼。請量授成章國子學錄，賜珉花紅羊酒。」制曰：「可。」

謝用，字希中，祁門人。父永貞。生母馬氏方娠，永貞客外，嫡母汪氏妒而嫁之，遂生用。永貞還，大恨，抱用歸，寄乳隣嫗。汪氏收而自鞠之，踰年亦生子，均愛無厚薄。用既冠，始知所生。密訪之，則又改適，不知其所矣。用遍覓幾一載。一夕宿休寧農家，有寡嫗出問曰：「若爲誰？」用告以姓名，及尋母之故。曰：「若母爲誰？」曰：「馬氏。」曰：「若非永貞之子乎？」曰：「然。」嫗遂抱用曰：「我卽汝母也。」於是母子相持而哭，時弘治十五年四月也。用歸告父，幷其同母弟迎歸，居別室。孝養二母，曲盡其誠。後汪感悔，令迎馬同居，訖無間言。

永貞卒，用居喪以孝聞。隣人失火，延數十家，將至用舍，風反火息。用時爲諸生，督學御史廉其孝，列之德行優等，月廩之。

何競，字邦植，蕭山人。父舜賓，爲御史，謫戍廣西慶遠衞，遇赦還。好持吏短長。有鄒魯者，當塗人。亦以御史謫官，稍遷蕭山知縣，貪暴狡悍。舜賓求魯陰事訐之，兩人互相猜。縣中湘湖爲富人私據，舜賓發其事於官，奏覈之。富人因奏舜賓以戍卒潛逃，擅自冠帶。章並下所司覈治。魯隱其文牒，詭言舜賓遇赦無驗，宜行原衞查核。上官不可，駁之。

會舜賓門人訓導童顯章爲魯所陷論死，下府覆驗，道經舜賓家，入與謀。魯聞之，大詬曰：「舜賓乃敢竄重囚。」發卒圍其門，輒捕舜賓，徑解慶遠。又令爪牙吏屏其衣服。至餘干，宿昌國寺，夜以濕衣閉其口，壓殺之。魯復捕舜賓妻子。競與母逃常熟，匿父友王鼎家。

已而魯遷山西僉事，將行。競乃潛歸與族人謀，召親黨數十人飲之酒，爲舜賓稱冤。中坐，競出叩首哭以請，皆踴躍願效命。乃各持器伏道旁，伺魯過，競袖鐵鎚奮擊，騶從駭散。仆其輿，裸之，杖齊下，矐兩目，鬚髮盡拔。競拔佩刀砍其左股，必欲殺之，爲衆所止。乃與魯連鎖赴按察司，而預令族父澤走闕下訴冤。僉事蕭翀故黨魯，嚴刑訊競。競大言曰：「必欲殺我，我非畏死者。顧人孰無父母，且我已訟於朝，非公輩所得擅殺。」噬臂肉擲案上，含血噀翀面，一堂皆驚。

會競疏已上，遣刑部郎中李時、給事中李舉，會巡按御史鄧璋雜治。諸人持兩端，擬魯故屏人衣食至死，競部民毆本屬知縣篤疾，律俱絞，餘所逮數百人，擬罪有差。競母朱氏復撾登聞鼓訴冤，魯亦使人馳訴，乃命大理寺正曹廉會巡按御史陳銓覆治。廉曰：「爾等何毆縣官？」競曰：「競知父讐，不知縣官，但恨未殺之耳。」廉以致死無據，遣縣令揭棺驗之。驗者報傷，而解役任寬慷慨首實，且出舜賓臨命所付血書。於是衆皆辭伏，改擬魯斬，競徒三年。法司議競遣戍，且曰：「魯已成篤疾，競爲父報讐，律意有在，均俟上裁。」帝從其議，戍競福寧衞，時弘治十四年二月也。後武宗登極肆赦，魯免死，競赦歸，又九年卒。競自父歿至死，凡十六年，服衰絰終其身。

王原，文安人。正德中，父珣以家貧役重逃去。原稍長，問父所在。母告以故，原大悲慟。乃設肆於邑治之衢，治酒食舍諸行旅。遇遠方客至，則告以父姓名、年貌，冀得父踪跡。久之無所得。既娶婦月餘，跪告母曰：「兒將尋父。」母泣曰：「汝父去二十餘載，存亡不可知。且若父甿耳，流落何所，誰知名者？無爲父子相繼作羈鬼，使我無依。」原痛哭曰：「幸有婦陪母，母無以兒爲念，兒不得父不歸也。」號泣辭母去，遍歷山東南北，去來者數年。一日，渡海至田橫島，假寐神祠中，夢至一寺，當午，炊莎和肉羹食之。一老父至，驚覺。原告之夢，請占之。老父曰：「若何爲者？」曰：「尋父。」老父曰：「午者，正南位也。莎根附子，肉和之，附子膾也。求諸南方，父子其會乎？」原喜，謝去，而南踰洛、漳，至輝縣帶山，有寺曰夢覺，原心動。天雨雪，寒甚，臥寺門外。及曙，一僧啓門出，駭曰：「汝何人？」曰：「文安人，尋父而來。」曰：「識之乎？」曰：「不識也。」引入禪堂，憐而予之粥。珣方執爨竈下，僧素知爲文安人，謂之曰：「若同里有少年來尋父者，若倘識其人。」珣出見原，皆不相識。

問其父姓名，則王珣也。珣亦呼原乳名。相抱持慟哭，寺僧莫不感動。珣曰：「歸告汝母，我無顏復歸故鄉矣。」原曰：「父不歸，兒有死耳。」牽衣哭不止。寺僧力勸之，父子相持歸，夫妻子母復聚。後原子孫多仕宦者。

黃璽，字廷璽，餘姚人。兄伯震，商十年不歸。璽出求之，經行萬里，不得踪跡。最後至衡州，禱南岳廟，夢神人授以「纏綿盜賊際，狼狽江漢行」二句。一書生告之曰：「此杜甫春陵行詩也，春陵今道州，曷往尋之。」璽從其言，既至，無所遇。一日入厠，置傘道旁。伯震適過之曰：「此吾鄉之傘也。」循其柄而觀，見有「餘姚黃廷璽記」六字。方疑駭，璽出問訊，則其兄也，遂奉以歸。

歸鉞，字汝威，嘉定縣人。早喪母。父娶繼妻，有子，鉞遂失愛。父偶撻鉞，繼母輒索大杖與之，曰：「毋傷乃翁力也。」家貧，食不足，每炊將熟，即譏譏數鉞過，父怒而逐之，其母子得飽食。鉞飢困，匍匐道中。比歸，父母相與言曰：「有子不居家，在外作賊耳。」輒復杖之，屢瀕於死。及父卒，母益擯不納，因販鹽市中，時私其弟，問母飲食，致甘鮮焉。正德三年，大饑，母不能自活。鉞涕泣奉迎，母內自慚不欲往，然以無所資，迄從之。鉞得食，先母弟，而己有饑色。弟尋卒，鉞養母終其身，嘉靖中卒。

族子繡，亦販鹽，與二弟紋、緯友愛。緯數犯法，繡輒罄貲護之，終無慍色。繡妻朱，製衣必三襲，曰：「二叔無室，豈可使郎君獨暖耶？」里人稱爲歸氏二孝子。

何麟，沁水人，爲布政司吏。武宗微行，由大同抵太原，城門閉，不得入。怒而還京，遣中官逮守臣不啓門者，巡撫以下皆大懼。麟曰：「朝廷未知主名。請厚賄中官，麟與俱往。卽聖怒不測，麟一身獨當之。」及抵京，上疏曰：「陛下巡幸晉陽，司城門者實臣麟一人，他官無預也。臣不能啓門迎駕，罪當萬死。但陛下輕宗廟社稷而事巡游，且易服微行，無淸道警蹕之詔，白龍魚服，臣下何由辨焉。昔漢光武夜獵，至上東門，守臣郅惲拒弗納，光武以惲能守法而賞之。今小臣欲守郅惲之節，而陛下乃有不敬之誅。臣恐天下後世以爲臣之不幸不若郅惲，陛下寬仁之量亦遠遜光武也。」疏入，帝怒稍解，廷杖六十，釋還，餘不問。巡撫以下郊迎，禮敬之。

孫清，睢陽諸生也。幼孤，事母孝。母歿未葬，流賊入其境，居民盡逃，清獨守柩不去。賊兩經其門，皆不入，里人多賴以全。

正德九年四月，河南巡按御史江良貴奏聞，幷言：「清同邑徐儀女雪梅、嚴清女鋭兒皆不受賊汚，憤罵見殺。沭陽諸生沈麟以知府劉祥、縣丞程儉爲賊所執，挺身詣賊，開陳利害，願以身代。賊義之，二人獲釋。凡此義烈，有關風化，宜如制旌表。」章下禮官。

先是，八年二月，山東巡按御史張璿奏，賊所過州縣，有子救父，婦衞夫，罹賊兵刃者，凡百十九人，皆宜旌表。時傅珪代費宏爲禮部，言：「所奏人多，費廣。宜準山西近例，於所在旌善亭側，建二石碑，分書男婦姓名、邑里及其孝義、貞烈大略，以示旌揚，有司量給殯殮費。厥後地方有奏，悉以此令從事。」帝可之。至是，良貴奏下，劉春代珪爲禮部，竟不請旌，但用珪前議，幷給銀建坊之令亦不復行，而旌善之意微矣。

當是時，濮州諸生宋顯章、淅川諸生李豫，皆以孝行著聞，流賊過其門不敢犯，里人亦多賴以全。而顯章之死也，其妻辛氏自縊以殉。知州李緝爲建孝節坊，並祠祀。嘉靖七年，豫獨被旌。

劉憲，靈石諸生也。父先亡。母年七十餘，兩目俱瞽，憲奉事惟謹。正德六年，流賊入城，憲負母避之城外。賊追至，欲殺母，憲哀告曰：「寧殺我，毋害我母。」賊乃釋之，行至嶺後，憲竟爲他賊所殺。賊縱火焚民居，獨憲宅隨爇隨滅。

同時羅璋，遂寧諸生。大盜亂蜀中，母爲賊所獲，璋手挺長鎗，連斃三賊，賊舍母去。後賊追至，璋力捍賊，久之力疲，竟被執。賊憤甚，刳心剖肝，裂其屍。並正德中旌表。

有李壯丁者，安定縣人。嘉靖中，北寇入犯，從父母奔避山谷。遇賊縛母去，壯丁取石奮擊，母得脫。前行復遇五賊，一賊縛其母，母大呼曰：「兒速去，毋顧我！」壯丁憤，手提鐵器擊仆賊，母得逃，而壯丁竟爲賊所殺。

正德中，賊掠鉅鹿，執趙智、趙慧之母，將殺之。智追至，跪告曰：「母年老，願殺我。」慧亦至，泣曰：「兄年長，願留養母而殺我。」智方與爭死，而母復請曰：「吾老當死，乞留二子。」羣賊笑曰：「皆好人也。」並釋之。

容師偃，香山人。父患癱疾，扶持不離側。正德十二年，寇掠其鄉，師偃負父而逃。追者急，父麾使遯，泣曰：「父子相爲命，去將安之。」俄被執，賊灼其父，師偃號泣請代。賊從之，父得釋，而師偃焚死。

後有劉靜者，萬安諸生。嘉靖間，流賊陷其縣，負母出奔。遇賊，將殺母，靜以身翼蔽求代死。賊怒，攢刃殺之，猶抱母不解，屍閱七日不變。萬曆元年旌表。

又有溫鉞者，大同人。父景清有膽力。嘉靖三年，鎭兵叛，殺巡撫張文錦。其後，巡撫蔡天佑令景清密捕首惡，戮數人，其黨恨之。十二年復叛，〔一〕殺總兵李瑾，因遍索昔年爲軍府効命者。景清深匿不出，遂執鉞及其母王氏以去，令言景清所在。鉞曰：「爾欲殺我父，而使我言其處，是我殺父也。如讐不可解，則殺我舒憤足矣。」賊不聽，逼母使言，母大罵不輟。賊怒，支解以怵鉞。鉞大哭且罵，幷被殺。事平，母子並獲旌。

俞孜，字景修，浙江山陰人。爲諸生，敦行誼。嘉靖初，父華充里役，解流人徐鐸至口外。鐸毒殺華，亡走。孜扶櫬歸，誓必報讐，縱跡數十郡不可得。後聞已還鄉，匿其甥楊氏家。乃結力士十數人，佯爲賣魚，往來偵伺，且謁知府南大吉乞助。大吉義之，遣數健卒與俱，夜半驟率卒入楊氏家，呼鐸出見，縛送於官，置諸法。孜自是不復應舉，養繼母以終。

有張震者，餘姚農家子也。生周歲，父爲人所陷將死，齧震指語曰：「某，吾讐也，汝勿忘。」震長而指瘡不愈，母告以故，震誓必報。其友謂曰：「汝力弱，吾爲汝殺之。」未幾，讐乘馬出，友以田器擊之，卽死。震喜，走告父墓。已而事發，有司傷其志，減死論戍，遇赦歸。

孫文，亦餘姚人也。幼時，父爲族人時行箠死。長欲報之，而力不敵，乃僞與和好，共武斷鄉曲。時行坦然不復疑。一日，値時行於田間，卽以田器擊殺之。坐戍，未幾，遇赦獲釋。

崔鑑，京師人。父嗜酒狎娼，召與居。娼恃寵，時時陵鑑母，父又被酒，數傻辱之。一日，娼惡言詈母，母復之，娼遂擊敗母面。母不勝憤，入室伏牀而泣，將自盡。鑑時年十三，自學舍歸，問之，母告以故。鑑曰：「母無死。」卽走至學舍，挾刃還。娼適掃地，且掃且詈。鑑拔刃刺其左脅，立斃，乃匿刃牖下，亡走數里，忽自念曰：「父不知我殺娼，必累我母。」急趨歸，父果訴於官，將縶其母矣。鑑至，告捕者曰：「此我所爲，非母也。」衆見其幼，不信。鑑曰：「汝等不信，請問凶器安在？」自出刃示之，衆乃釋母，縶鑑置獄。事聞，下刑部讞。尙書聞淵等議，鑑志在救母，且年少可矜，難拘常律。帝亦貸其罪。

唐儼，全州諸生也。父蔭，郴州知州，歸老得危疾。儼年十二，潛割臂肉進之，疾良已。及父歿，哀毀如成人。其後游學於外，嫡母寢疾。儼妻鄧氏年十八，奮曰：「吾婦人，安知湯藥。昔夫子以臂肉療吾舅，吾獨不能療吾姑哉？」於是割脅肉以進，姑疾亦愈。儼聞母疾，馳歸，則無恙久矣，拜其妻曰：「此吾分也，當急召我，何自苦如此！」妻曰：「子事父，婦事姑，一也。方危急時，召子何及。且事必待子，安用婦爲。」儼益歎異。嫡母歿二十年，而生母歿，儼廬墓三年。嘉靖四年貢至京，有司奏旌其門。

丘緒，字繼先，鄞縣諸生也。生母黃，爲嫡余所逐，適江東包氏。未幾轉適他所，遂不復相聞。緒年十五，父歿，事余至孝。余疾，謹奉湯藥，不解衣帶者數月。余重感其孝，病革，與訣曰：「我卽死，汝無忘若母。」時母被逐已二十年矣。

一夕，夢人告曰：「若母在台州金鰲寺前。」覺而識之。次日，與一人憩於途，詰之，則包氏故養馬廝也。叩以母所向，曰：「有周平者曾悉其事，今已戍京衞矣。」緒姊壻謁選在京，遺書囑訪平，久之未得。一日，有避雨於邸門者，其聲類鄞人，叩之，卽周平也，言黃已適台州李副使子。

緒得報，卽之台，而李已歿，其嗣子漫不知前事。緒徬徨掩泣於道，有傷之者，導謁老媒妁王四，曰已再適仙居吳義官。吳，仙居巨族也。緒至，歷瞷數十家，無所遇。已而抵一儒生吳秉朗家，語之故。生感其意，留止焉。有叔母聞所留者異鄉人也，恚而咻之。生告以緒意。叔母者，黃故主母也，頗憶前事，然不詳所往。呼舊蒼頭問之，云金鰲寺前，去歲經之，棺已殯寺旁矣。緒以其言與夢合，信之，行且泣，牛觸之墜於溝，則與夫馬長之門也。駭而出，問所從來。緒以情告。長曰：「吾前輿一婦至縉雲蒼嶺下，殆是也。」與緒至其處。緒徧物色，無所遇，倀倀行委巷中。一嫗立門外，探之，知爲鄞人，告以所從來。嫗亦轉詢丘氏耗，則緒母也。抱持而哭，閭里皆感動。寺旁棺者，蓋其姒氏云。所適陳翁，貧而無子，且多負。緒還取金償之，幷迎翁以歸，備極孝養。嘉靖十四年，知縣趙民順入覲，疏聞於朝，獲旌表。

張鈞，石州人。父赦，國子生。以二親早亡，矢志不仕，隱居城北村。鈞，正德末舉於鄉。以親老亦不仕，讀書養親，遠近皆稱其孝。嘉靖二十年，俺答犯石州。鈞慮父遭難，自城中馳一騎號泣赴救。寇射中其肩，裹瘡疾馳，至則父已被殺。鈞隕絕，盡餂父血，水漿不入口三日，不勝悲痛而卒。越二年，有司上其狀，獲旌。

是時殺掠甚慘，石州爲親死者十一人，而張承相、于博、張永安尤著。承相少孤，及長爲諸生，養母二十餘年，以孝聞。寇至，負母出逃，爲所得，叩頭號泣，乞免其母。寇怒，并殺之，抱母首死。博二歲而孤，奉母盡孝。寇抵城下，博方讀書城中。母居村舍，亟下城號泣求母。母已被執，遇諸途，博取石奮擊寇。寇就剖其心，母得逸去，年止十有八。永安，石州吏也。父爲寇所逐，永安持梃追擊之，傷二賊，趣父逸去，而身自後衞之，被數十創死。與鈞同被旌。

有溫繼宗者，沁州諸生。父卒，不能葬，日守柩哀泣。嘉靖二十一年，寇入犯，或勸出城避難，以父殯不肯去。寇至，與叔父淵等力禦，擊傷一賊，中矢死柩旁，淵等皆死。亦與鈞同被旌。

王在復，太倉人。年二十一，從父讀書城外。倭寇入犯，父子亟奔入城。父體肥不能速行，中道遇賊，遂相失。在復走二里許，展轉尋父。聞父被執，急趨賊所，叩頭求免。賊不聽，拔刃擬其父，在復以身蔽之，痛哭哀求。賊怒，并殺之，兩首墜地，而手猶抱父不釋。時嘉靖三十三年五月也。

當是時，倭亂東南，孝子以衞父母見殺者甚衆，其得旌於朝者，在復及黃巖王鍇、慈谿向敍、無錫蔡元銳、丹徒殷士望。鍇隨父顯避賊。顯被執，將殺之。鍇亟趨前請代，賊遂殺鍇而釋顯。敍爲慈谿諸生。倭入寇，以縣無城，掖母出避。遇賊，蹈敍而斫其母，敍急起抱母頸，大呼曰：「寧殺我，毋殺我母！」賊如其言，母獲全。俱嘉靖三十五年旌表。元銳，無錫人，與弟元鐸並孝友。倭犯無錫，入元銳家，兄弟急扶父升屋避匿。而元銳爲賊執，令言父所在，堅不從，遂見殺。元鐸不知兄死，明日持重貲往贖，并見殺。嘉靖三十八年旌表。士望，丹徒人，事親孝。倭犯京口，父被掠，士望請代死。賊笑而試之，火炙刀刺，受之怡然，賊兩釋之。嘉靖四十三年旌表。

其他未及旌表者，又有陳經孚、龔可正、伍民憲。經孚，平陽人。倭至，負母出逃，遇賊索母珥環，欲殺之。經孚以身翼蔽，賊怒，揮刃截耳及肩而死，手猶抱母頸不解。可正，嘉定諸生。負祖母避賊，天雨泥濘，猝遇賊。賊惡見婦人，欲殺其祖母，叱可正去。可正跪泣請代，賊不從。可正以身覆祖母，賊並殺之。民憲，晉江人。扶父避難，遇賊，長跪哀告曰：「勿驚我父，他物任取之。」賊不聽，竟殺其父。民憲憤，挺身殺二賊，傷數賊。賊至益多，斷民憲右手。臥草中，猶一手執戈，呼其父三日而絕。

夏子孝，字以忠，桐城人。六歲失母，哀哭如成人。九歲父得危疾，禱天地，刲股六寸許，調羹以進，父食之頓愈。翌日，子孝痛創，父詰其故，始知之。里老以聞於官，知府胡麟先夢王祥來謁，詰旦而縣牒至，詫曰：「孺子其祥後身耶？」召見，易其舊名「恩」曰「子孝」。督學御史胡植即令入學爲諸生，月廩之。麟復屬貢士趙簡授之經。嘉靖末，父卒，廬墓，獨居荒山，身無完衣，形容槁瘁。後歷事王畿、羅汝芳、史桂芳、耿定向，獲聞聖賢之學。定向爲督學御史，將疏聞於朝，固辭曰：「不肖不忍以亡親貫名。」乃止。將死，命其子曰：「葬我父墓側。」

阿寄者，淳安徐氏僕也。徐氏昆弟析產而居，伯得一馬，仲得一牛，季寡婦得阿寄，時年五十餘矣。寡婦泣曰：「馬則乘，牛則耕，老僕何益。」寄嘆曰：「主謂我不若牛馬耶！」乃畫策營生，示可用狀。寡婦盡脫簪珥，得白金十二兩，畀寄。

寄入山販漆，期年而三倍其息，謂寡婦曰：「主無憂，富可致矣。」歷二十年，積資巨萬，爲寡婦嫁三女，婚二子，齎聘皆千金。又延師教二子，輸粟爲太學生。自是，寡婦財雄一邑。

及寄病且死，謂寡婦曰：「老奴牛馬之報盡矣。」出枕中二籍，則家鉅細悉均分之，曰：「以此遺兩郎君，可世守也。」既歿，或疑其有私，竊啓其篋，無一金蓄。所遺一嫗一兒，僅敝縕掩體而已。

趙重華，雲南太和人。七歲時，父廷瑞遊江湖間，久不返。重華長，謁郡守請路引，榜其背曰「萬里尋親」。別書父年貌、邑里數千紙，所歷都會州縣徧張之。西禱武當山，經太子巖，巖陰有字曰：「嘉靖四十四年十二月十二日，趙廷瑞朝山至此。」重華讀之，慟曰：「吾父果過此，今吾之來月日正同，可卜相逢矣。」遂書其後曰：「萬曆六年十二月十二日，趙廷瑞之子重華，尋父至此。」久之竟無所遇。過丹陽，盜攫其資，所遺獨路引。且行且乞，遇一老僧呼問其故，笑曰：「汝父客無錫南禪寺中。」語訖忽不見。重華急趨至寺，果其父，出路引示之，相與慟哭。留數日，乃還雲南。

是時，有謝廣者，祁門人。父求仙不返，廣娶婦七日卽別母求父，遇於開封逆旅中。父乘間復脫去。廣跋涉四方者垂二十年，終不得父，聞者哀之。

王世名，字時望，武義人。父良，與族子俊同居爭屋，爲俊毆死。世名年十七，恐殘父屍，不忍就理，乃佯聽其輸田議和。凡田所入，輒易價封識。俊有所餽，亦佯受之。而潛繪父像懸密室，繪己像於旁，帶刀侍，朝夕泣拜，且購一刃，銘「報讐」二字，母妻不知也。服闋，爲諸生。及生子數月，謂母妻曰：「吾已有後，可以死矣。」一日，俊自外醉歸，世名挺刃迎擊之，立斃。出號於衆，入白母，卽取前封識者詣吏請死。時萬曆九年二月，去父死六年矣。

知縣陳某曰：「此孝子也，不可置獄。」別館之，而上其事於府。府檄金華知縣汪大受來訊。世名請死，大受曰：「檢屍有傷，爾可無死。」曰：「吾惟不忍殘父屍，以至今日。不然，何待六年。乞放歸辭母乃就死。」許之。歸，母迎而泣。世名曰：「身者，父之遺也。以父之遺爲父死，雖離母，得從父矣，何憾。」頃之，大受至，縣人奔走直世名者以千計。大受乃令人舁致父棺，將開視之。世名大慟，以頭觸堦石，血流殷地。大受及旁觀者咸爲隕涕，乃令舁柩去，將白上官免檢屍，以全孝子。世名曰：「此非法也，非法無君，何以生爲。」遂不食而死。

妻俞氏，撫孤三載，自縊以殉，旌其門曰孝烈。

李文詠，崑山諸生。父大經，沂水知縣。萬曆二十七年，父寢室被火。文詠突入，將父抱出，而榱棟盡覆，父子俱焚死。火息，入視，屍猶覆其父，父存全體，文詠但餘一股。

王應元，武隆人。力農養父。父醉臥，家失火。應元自外趨烈焰中，竟不能出，抱父死。

唐治，黃岡人。父柩在堂，鄰居火，治盡出資財募人舁柩，人各自顧，無應者。或挽之出，泣曰：「父柩在此，我死不出。」火息，後堂巋然獨存，柩亦無恙，而治竟熏灼伏柩死。萬曆中旌表。

許恩，蘄水人。夜半鄰家失火，恩驚出，徧尋母不得，復突入，遂與母俱焚。

馮象臨，慈谿諸生。家被火，徧覓父母，烟焰彌空，迷失庭戶。象臨大呼，初得母，卽從火中負出。再入負父，幷挾一弟以出，半體已焦爛。聞妹尙留臥內，母號呼，將自入，亟止之，觸烈焰攜妹出，竟灼爛而死。事聞，賜旌。

後有龔作梅者，陳州人。年十七，父母俱亡，殯於舍。闖賊火民居，作梅跪柩前焚死。

孔金，山陽人。父早亡，母謝氏，遺腹三月而生金。母爲大賈杜言逼娶，投河死。金長，屢訟於官，不勝。言行賄欲斃金，金乃乞食走闕下，擊登聞鼓訴冤，不得達。還墓所，晝夜號泣。里人劉淸等陳其事於府，知府張守約異之，召闔族媒氏質實，坐言大辟。未幾守約卒，言賄緣免。金復號訴不已，被箠無完膚。已而撫按理舊牘，仍坐言大辟，迄死獄中。金子良亦有孝行，父病，刲股爲羹以進，旋愈。比卒，廬墓哀毀。萬曆四十三年，父子並得旌。

楊通照、通杰，銅仁人。母周氏有疾，兄弟爭拜禱，求以身代。閱三年，不入內室。萬曆三十六年，羣苗流劫，至其家，母被執去。二人追鬬數十里，被傷不顧。至鬼空溪，見賊縶母，大罵，聲震山谷，橫擊萬衆中，爲賊所磔死。通照年二十五，通杰年二十二。泰昌元年，巡撫李標、巡按史永安上其事，旌曰雙孝之門。

時無錫民浦邵，賊縛其父虞，將殺之。邵以首迎刃而死，父得免。寧化民林上元，賊掠其繼母李氏出城，上元從城上持鎗一躍而下，直奔賊壘，刺死二人。賊避其鋒，立出李氏，因引去，城賴以全。皆萬曆四十三年旌。

崇禎七年，流賊陷竹溪，執知縣余霄將殺之。子諸生伯麟請代，乃免。

張清雅，潛山人。家貧，力學養親。崇禎十年，張獻忠來犯。清雅以父年老臥病，守之不去。無何，父卒。斂甫畢，賊入其家，疑棺內藏金銀，欲剖視之。清雅據棺哀泣，賊斷其手，仆地。幼子超藝年十六，號哭求代。賊復砍之，父子俱死，而棺得不剖。僕雲滿，具兩棺斂之，亦不食死。

時有白精忠者，潁州人。五歲而孤，母袁氏撫之。家貧，母食糠覈，而以精者哺兒。精忠知之，每餐必先啖其惡者。天啓中，舉於鄉。崇禎八年，流賊陷潁州，家人勸逃匿。精忠以母年老，不忍獨去，遂遇害。

州有檀之槐者，護母柩不去。與賊格鬬，殺數人，被磔死。

又有李心唯，素敦孝行。賊至，泣守母喪。賊掠其室，將縛之，不出，被殺。子果，見父死，厲聲罵賊，賊又殺之。

有余承德者，無爲人。崇禎十五年，流賊突至，挾其祖母劉氏、母魏氏及妻楊氏、妹玉女出避。祖母、母行遲，爲盜所獲，欲刃之。承德號呼救護，並遇害。楊氏見之，急投河死。賊將犯玉女，玉女大罵，堅不從，寸磔而死。

校勘記

〔一〕十二年復叛　十二年，原作「十三年」。按總兵官李瑾被殺事，本書卷十七世宗紀及世宗實錄卷一五五嘉靖十二年十月乙亥條都繫於十二年，據改。

明史卷二百九十八

列傳第一百八十六

隱逸

韓愈言：「蹇之六二曰『王臣蹇蹇』，而蠱之上九曰『高尙其事』，由所居之時不一，而所蹈之德不同。」夫聖賢以用世爲心，而逸民以肥遯爲節，豈性分實然，亦各行其志而已。明太祖興禮儒士，聘文學，搜求巖穴，側席幽人，後置不爲君用之罰，然韜迹自遠者亦不乏人。迨中葉承平，聲教淪浹，巍科顯爵，頓天網以羅英俊，民之秀者無不觀國光而賓王廷矣。其抱瓌材，蘊積學，槁形泉石，絕意當世者，靡得而稱焉。由是觀之，世道升降之端，係所遭逢，豈非其時爲之哉。

凡徵聘所及，文學行誼可稱者，已散見諸傳。茲取貞節超邁者數人，作隱逸傳。

張介福　倪瓚　徐舫　楊恒陳洄　楊引　吳海　劉閔　楊黼　孫一元　沈周　陳繼儒

張介福，字子祺，自懷慶徙吳中。少受學於許衡。二親早終，遂無仕進意。家貧，冬不能具夾襦，或遺以紵絮，不受，纖介必以禮。張士誠入吳，有卒犯其家，危坐不爲起。刀斫面，仆地，醒復取冠戴之，坐自若。卒怪，以爲異物，走去。介福恐發其先墓，往廬焉。士誠聞而欲致之，不可。使其弟往問，答曰：「無樂亂，無貪天禍，無忘國家。」餽之，力辭。已，病革，謂其友曰：「吾志希古人，未能也。惟無汚於時，庶幾哉。」遂卒。

倪瓚，字元鎭，無錫人也。家雄於貲，工詩，善書畫。四方名士日至其門。所居有閣曰清閟，幽迥絕塵。藏書數千卷，皆手自勘定。古鼎法書，名琴奇畫，陳列左右。四時卉木，縈繞其外，高木修篁，蔚然深秀，故自號雲林居士。時與客觴咏其中。爲人有潔癖，盥濯不離手。俗客造廬，比去，必洗滌其處。求縑素者踵至，瓚亦時應之。至正初，海內無事，忽散其貲給親故，人咸怪之。未幾兵興，富家悉被禍，而瓚扁舟箬笠，往來震澤、三泖間，獨不罹患。張士誠累欲鈎致之，逃漁舟以免。其弟士信以幣乞畫，瓚又斥去。士信恚，他日從賓客遊湖上，聞異香出葭葦間，疑爲瓚也，物色漁舟中，果得之。抶幾斃，終無一言。及吳平，瓚年老矣，黃冠野服，混迹編氓。洪武七年卒，年七十四。

徐舫，字方舟，桐廬人。幼輕俠，好擊劍、走馬、蹴踘。既而悔之，習科舉業。已，復棄去，學爲歌詩。睦故多詩人，唐有方干、徐凝、李頻、施肩吾，宋有高師魯、滕元秀，號睦州詩派，舫悉取步驟之。既乃遊四方，交其名士，詩益工。行省參政蘇天爵將薦之，舫笑曰：「吾詩人耳，可羈以章紱哉。」竟避去。築室江皐，日苦吟於雲烟出沒間，翛然若與世隔，因自號滄江散人。

宋濂、劉基、葉琛、章溢之赴召也，舟溯桐江，忽有人黃冠鹿裘立江上，招基而笑，且語侵之。基望見，急延入舟中。琛、溢競讙譃，各取冠服服之，欲載上黟川，其人不可乃止。濂初未相識，以問。基曰：「此徐方舟也。」濂因起共歡笑，酌酒而別。舫詩有瑤林、滄江二集。年六十八，丙午春，卒於家。

楊恒，字本初，諸暨人。外族方氏建義塾，館四方遊學士，恒幼往受諸經，輒領其旨要。文峻潔，有聲郡邑間。浦江鄭氏延爲師，閱十年退居白鹿山，戴椶冠，披羊裘，帶經耕烟雨間，嘯歌自樂，因自號白鹿生。

太祖既下浙東，命欒鳳知州事。鳳請爲州學師，恒固讓不起。鳳乃命州中子弟即家問道。政有缺失，輒貽書咨訪。後唐鐸知紹興，欲辟起之，復固辭。宋濂之爲學士也，擬薦爲國子師，聞不受州郡辟命，乃已。

恒性醇篤，與人語，出肺肝相示。事稍乖名義，輒峻言指斥。家無儋石，而臨財甚介，鄉人奉爲楷法焉。

時有陳洄者，義烏人。幼治經，長通百家言。初欲以功名顯，既而隱居，戴靑霞冠，披白鹿裘，不復與塵事接。所居近大溪，多修竹，自號竹溪逸民。常乘小艇，吹短簫，吹已，叩舷而歌，悠然自適。宋濂俱爲之傳。

楊引，吉水人。好學能詩文，爲宋濂、陶安所稱。駙馬都尉陸賢從受學，入朝，舉止端雅。太祖喜，問誰教者，賢以引對，立召見，賜食。他日，賢以褻服見，引太息曰：「是其心易我，不可久居此矣。」復以纂修徵，亦不就。其教學者，先操履而後文藝。嘗揭論語鄉黨篇示人曰：「吾教自有養生術，安事偃仰吐納爲。」乃節飲食，時動息，迄老視聽不衰。既歿，安福劉球稱其學探道原，文範後世，去就出處，卓然有陶潛、徐穉之風。

吳海，字朝宗，閩縣人。元季以學行稱。值四方盜起，絕意仕進。洪武初，守臣欲薦諸朝，力辭免。既而徵詣史局，復力辭。嘗言：「楊、墨、釋、老，聖道之賊，管、商、申、韓，治道之賊，稗官野乘，正史之賊，支詞豔說，文章之賊。上之人，宜敕通經大臣，會諸儒定其品目，頒之天下，民間非此不得輒藏，坊市不得輒粥。如是數年，學者生長不涉異聞，其於養德育才，豈曰小補。」因著書一編曰書禍，以發明之。

與永福王翰善。翰嘗仕元，海數勸之死，翰果自裁。海教養其子偁，卒底成立。平居虛懷樂善，有規過者，欣然立改，因顏其齋曰聞過。爲文嚴整典雅，一歸諸理，後學咸宗仰之。有聞過齋集行世。

劉閔，字子賢，莆田人。生而純慤。早孤，絕意科舉，求古聖賢禔躬訓家之法，率而行之。祖母及父喪未舉，斷酒肉，遠室家。訓鄰邑，朔望歸，則號哭殯所，如是三年。婦失愛於母，出之，獨居奉養，疾不解衣。母或恚怒，則整衣竟夕跪榻前。祭享奠獻，一循古禮，鄉人莫不欽重。副使羅璟立社學，擗養親堂，延閔爲師。提學僉事周孟中捐俸助養。知府王弼每祭廟社，必延致齋居，曰：「此人在座，私意自消。」置田二十餘畝贍之，並受不辭。及母歿，卽送田還官，廬墓三年。弟婦求分產，閔闔戶自撾，婦感悟乃已。

弘治中，僉都御史林俊上言：「伏見皇太子年踰幼學，習處宮中，罕接外傅，豫教之道似爲未備。今講讀侍從諸臣固已簡用，然百司衆職，山林隱逸，不謂無人。以臣所知，則禮部侍郎謝鐸、太僕少卿儲巏、〔一〕光祿少卿楊廉，可備講員。其資序未合，德行可取者二人，則致仕副使曹時中、布衣劉閔是也。閔，臣縣人，恭愼醇粹，孝行高古。日無二粥，身無完衣，處之晏如。監司劉大夏、徐貫等恒敬禮之。臣謂可禮致時中爲宮僚，閔以布衣入侍，必能涵育薰陶，裨益睿質。」時不能用。其後，巡按御史宗彝、饒瑭欲援詔例舉閔經明行修，閔力辭。知府陳效請遂其志，榮以學職。正德元年，遙授儒學訓導。

楊黼，雲南太和人也。好學，讀五經皆百遍。工篆籀，好釋典。或勸其應舉，笑曰：「不理性命，理外物耶？」庭前有大桂樹，縛板樹上，題曰桂樓。偃仰其中，歌詩自得。躬耕數畝供甘膬，但求親悅，不顧餘也。注孝經數萬言，證羣書，根性命，字皆小篆。所用硯乾，將下樓取水，硯池忽滿，自是爲常，時人咸異之。父母歿，爲傭營葬畢，入雞足，棲羅漢壁石窟山十餘年，壽至八十。子孫迎歸，一日沐浴，令子孫拜，曰：「明日吾行矣。」果卒。

孫一元，字太初，不知何許人，問其邑里，曰：「我秦人也。」嘗棲太白之巔，故號太白山人。或曰安化王宗人，王坐不軌誅，故變姓名避難也。一元姿性絕人，善爲詩，風儀秀朗，蹤跡奇譎，烏巾白帢，攜鐵笛鶴瓢，遍遊中原，東踰齊、魯，南涉江、淮，歷荊抵吳越，所至賦詩，談神仙，論當世事，往往傾其座人。鉛山費宏罷相，訪之杭州南屏山，值其晝寢，就臥內與語。送之及門，了不酬答。宏出語人曰：「吾一生未嘗見此人。」

時劉麟以知府罷歸，龍霓以僉事謝政，並客湖州，與郡人故御史陸崑善，而長興吳琉隱居好客，三人者並主於其家。琉因招一元入社，稱「苕溪五隱」。一元買田溪上，將老焉。舉人施侃雅善一元，妻以妻妹張氏，生一女而卒，年止三十七。琉等葬之道場山。

沈周，字啓南，長洲人。祖澄，永樂間舉人材，不就。所居曰西莊，日置酒款賓，人擬之顧仲瑛。伯父貞吉，父恒吉，並抗隱。搆有竹居，兄弟讀書其中，工詩善畫，臧獲亦解文墨。邑人陳孟賢者，陳五經繼之子也。周少從之遊，得其指授。年十一，遊南都，作百韻詩，上巡撫侍郎崔恭。面試鳳凰臺賦，援筆立就，恭大嗟異。及長，書無所不覽。文摹左氏，詩擬白居易、蘇軾、陸游，字仿黃庭堅，並爲世所愛重。尤工於畫，評者謂爲明世第一。

郡守欲薦周賢良，周筮易，得遁之九五，遂決意隱遁。所居有水竹亭館之勝，圖書鼎彝充牣錯列，四方名士過從無虛日，風流文彩照映一時。奉親至孝。父歿，或勸之仕，對曰：「若不知母氏以我爲命耶？奈何離膝下。」居恒厭入城市，於郭外置行窩，有事一造之。晚年，匿跡惟恐不深，先後巡撫王恕、彭禮咸禮敬之，欲留幕下，並以母老辭。

有郡守徵畫工繪屋壁。里人疾周者，入其姓名，遂被攝。或勸周謁貴遊以免，周曰：「往役，義也，謁貴遊，不更辱乎！」卒供役而還。已而守入覲，銓曹問曰：「沈先生無恙乎？」

守不知所對，漫應曰：「無恙。」見內閣，李東陽曰：「沈先生有牘乎？」守益愕，復漫應曰：「有而未至。」守出，倉皇謁侍郎吳寬，問「沈先生何人？」寬備言其狀。詢左右，乃畫壁生也。比還，謁周舍，再拜引咎，索飯，飯之而去。周以母故，終身不遠遊。母年九十九而終，周亦八十矣。又三年，以正德四年卒。

陳繼儒，字仲醇，松江華亭人。幼穎異，能文章，同郡徐階特器重之。長爲諸生，與董其昌齊名。太倉王錫爵招與子衡讀書支硎山。王世貞亦雅重繼儒，三吳名下士爭欲得爲師友。繼儒通明高邁，年甫二十九，取儒衣冠焚棄之。隱居崑山之陽，搆廟祀二陸，草堂數椽，焚香晏坐，意豁如也。時錫山顧憲成講學東林，招之，謝弗往。親亡，葬神山麓，遂築室東佘山，杜門著述，有終焉之志。

工詩善文，短翰小詞，皆極風致，兼能繪事。又博文強識，經史諸子、術伎稗官與二氏家言，靡不較覈。或刺取瑣言僻事，詮次成書，遠近競相購寫。徵請詩文者無虛日。性喜獎掖士類，屨常滿戶外，片言酬應，莫不當意去。暇則與黃冠老衲窮峯泖之勝，吟嘯忘返，足跡罕入城市。其昌爲築來仲樓招之至。黃道周疏稱「志尙高雅，博學多通，不如繼儒」，其推重如此。侍郎沈演及御史、給事中諸朝貴，先後論薦，謂繼儒道高齒茂，宜如聘吳與弼故事。屢奉詔徵用，皆以疾辭。卒年八十二，自爲遺令，纖悉畢具。

校勘記

〔一〕儲巏　原作「儲瓘」，據本書卷二八六儲巏傳及明史稿傳一七四儲巏傳改。

明史卷二百九十九

列傳第一百八十七

方伎

左氏載醫和、緩，梓愼、裨竈、史蘇之屬，甚詳且核。下逮巫祝，亦往往張其事以神之。論者謂之浮夸，似矣。而史記傳扁鵲、倉公，日者，龜策，至黃石、赤松、倉海君之流，近於神仙荒忽，亦備錄不遺。范蔚宗乃以方術名傳。夫藝人術士，匪能登乎道德之途。然前民利用，亦先聖之緒餘，其精者至通神明，參造化，詎曰小道可觀已乎。

明初，周顚、張三丰之屬，蹤蹟秘幻，莫可測識，而震動天子，要非妄誕取寵者所可幾。張中、袁珙，占驗奇中。夫事有非常理所能拘者，淺見尠聞不足道也。醫與天文皆世業專官，亦本周官遺意。攻其術者，要必博極於古人之書，而會通其理，沈思獨詣，參以考驗，不爲私智自用，乃足以名當世而爲後學宗。今錄其最異者，作方伎傳。眞人張氏，道家者流，而世蒙恩澤。其事蹟關當代典故，撮其大略附於篇。

滑壽　葛乾孫　呂復　倪維德　周漢卿　王履　周顚　張中
張三丰　袁珙子忠徹　戴思恭　盛寅　皇甫仲和　仝寅
吳傑許紳　王綸　淩雲李玉　李時珍繆希雍　周述學
張正常劉淵然等

滑壽，字伯仁，先世襄城人，徙儀眞，後又徙餘姚。幼警敏好學，能詩。京口王居中，名醫也。壽從之學，授素問、難經。既卒業，請於師曰：「素問詳矣，多錯簡。愚將分藏象、經度等爲十類，類抄而讀之。難經又本素問、靈樞，其間榮衞藏府與夫經絡腧穴，辨之博矣，而缺誤亦多。愚將本其義旨，注而讀之可乎？」居中躍然稱善。自是壽學日進。壽又參會張仲景、劉守眞、李明之三家而會通之，所治疾無不中。

既學鍼法於東平高洞陽，嘗言：「人身六脈雖皆有係屬，惟督任二經，則苞乎腹背，有專穴。諸經滿而溢者，此則受之，宜與十二經並論。」乃取內經骨空諸論及靈樞篇所述經脈，著十四經發揮三卷，通考隧穴六百四十有七。他如讀傷寒論抄、診家樞要、痔瘻篇又採諸書本草爲醫韻，皆有功於世。

晚自號攖寧生。江、浙間無不知攖寧生者。年七十餘，容色如童孺，行步蹻捷，飲酒無算。天台朱右摭其治疾神效者數十事，爲作傳，故其著述益有稱於世。

葛乾孫，字可久，長洲人。父應雷，以醫名。時北方劉守眞、張潔古之學未行於南。有李姓者，中州名醫，官吳下，與應雷談論，大駭歎，因授以張、劉書。自是江南有二家學。乾孫體貌魁碩，好擊刺戰陣法。後折節讀書，兼通陰陽、律曆、星命之術。屢試不偶，乃傳父業。然不肯爲人治疾，或施之，輒著奇效，名與金華朱丹溪埒。富家女病四支痿痺，目瞪不能食，衆醫治罔效。乾孫命悉去房中香奩、流蘇之屬，掘地坎，置女其中。久之，女手足動，能出聲。投藥一丸，明日女自坎中出矣。蓋此女嗜香，脾爲香氣所蝕，故得是症。其療病奇中如此。

呂復，字元膺，鄞人。少孤貧，從師受經。後以母病求醫，遇名醫衢人鄭禮之，遂謹事之，因得其古先禁方及色脈藥論諸書，試輒有驗。乃盡購古今醫書，曉夜研究，自是出而行世，取效若神。其於內經、素問、靈樞、本草、難經、傷寒論、脈經、脈訣、病原論、太始天元玉册元誥、六微旨、五常政、玄珠密語、中藏經、聖濟經等書，皆有辨論。前代名醫如扁鵲、倉公、華佗、張仲景至張子和、李東垣諸家，皆有評騭。所著有內經或問、靈樞經脈箋、五色診奇眩、切脈樞要、運氣圖說、養生雜言諸書甚衆。浦江戴良採其治效最著者數十事，爲醫案。歷舉仙居、臨海教諭，台州教授，皆不就。

倪維德，字仲賢，吳縣人。祖、父皆以醫顯。維德幼嗜學，已乃業醫，以內經爲宗。病大觀以來，醫者率用裴宗元、陳師文和劑局方，故方新病多不合。乃求金人劉完素、張從正、李杲三家書讀之，出而治疾，無不立效。

周萬戶子，八歲昏眊，不識饑飽寒暑，以土炭自塞其口。診之曰：「此慢脾風也。脾藏智，脾慢則智短。」以疏風助脾劑投之，卽愈。顧顯卿右耳下生癭，大與首同，痛不可忍。診之曰：「此手足少陽經受邪也。」飲之藥，踰月愈。劉子正妻病氣厥，或哭或笑，人以爲祟。診之曰：「兩手脈俱沉，胃脘必有所積，積則痛。」問之果然，以生熟水導之，吐痰涎數升愈。盛架閣妻左右肩臂奇癢，延及頭面，不可禁，灼之以艾，則暫止。診之曰：「左脈沉，右脈浮且盛，此滋味過盛所致也。」投以劑，旋愈。林仲實以勞得熱疾，熱隨日出入爲進退，暄盛則增劇，夜涼及雨則否，如是者二年。診之曰：「此七情內傷，陽氣不升，陰火漸熾。故溫則進，涼則退。」投以東垣內傷之劑，亦立愈。他所療治，多類此。

常言：「劉、張二氏多主攻，李氏惟調護中氣主補，蓋隨時推移，不得不然。」故其主方不執一說。常患眼科雜出方論，無全書，著元機啓微，〔一〕又校訂東垣試效方，並刊行於世。洪武十年卒，年七十五。

周漢卿，松陽人。醫兼內外科，鍼尤神。鄉人蔣仲良，左目爲馬所踶，睛突出如桃。他醫謂係絡已損不可治。漢卿封以神膏，越三日復故。華州陳明遠瞽十年。漢卿視之，曰：「可鍼也。」爲翻睛刮翳，㸌然辨五色。武城人病胃痛，奮擲乞死。漢卿納藥於鼻，俄噴赤蟲寸許，口眼悉具，痛旋止。馬氏婦有娠，十四月不產，尪且黑。漢卿曰：「此中蠱，非娠也。」下之，有物如金魚，病良已。永康人腹疾，痀僂行。漢卿解衣視之，氣衝起腹間者二，其大如臂。刺其一，砉然鳴，又刺其一亦如之，加以按摩，疾遂愈。長山徐嫗癇疾，手足顫掉，裸而走，或歌或笑。漢卿刺其十指端，出血而痊。錢塘王氏女生瘰癧，環頭及腋，凡十九竅。

竅破白瀋出，將死矣。漢卿爲剔竅母深二寸，其餘烙以火，數日結痂愈。山陰楊翁項有疣如瓜大，醉仆階下，潰血不能止。疣潰者必死。漢卿以藥糝其穴，血即止。義烏陳氏子腹有塊，捫之如罌。漢卿曰：「此腸癰也。」用大鍼灼而刺之，入三寸許，膿隨鍼迸出有聲，愈。諸暨黃生背曲，須杖行。他醫皆以風治之，漢卿曰：「血澀也。」刺兩足崑崙穴，頃之投杖去。其捷效如此。

王履，字安道，崑山人。學醫於金華朱彥修，盡得其術。嘗謂張仲景傷寒論爲諸家祖，後人不能出其範圍。且素問云「傷寒爲病熱」，言常不言變，至仲景始分寒熱，然義猶未盡。乃備常與變，作傷寒立法考。又謂陽明篇無目痛，少陰篇言胸背滿不言痛，太陰篇無嗌乾，厥陰篇無囊縮，必有脫簡。乃取三百九十七法，去其重複者二百三十八條，復增益之，仍爲三百九十七法。極論內外傷經旨異同，併中風、中暑辨，名曰泝洄集，凡二十一篇。又著百病鉤玄二十卷，醫韻統一百卷，醫家宗之。

履工詩文，兼善繪事。嘗遊華山絕頂，作圖四十幅，記四篇，詩一百五十首，爲時所稱。

自滑壽以下五人，皆生於元，至明初始卒。

周顚，建昌人，無名字。年十四，得狂疾，走南昌市中乞食，語言無恒，皆呼之曰顚。及長有異狀，數謁長官，曰「告太平」。時天下寧謐，人莫測也。後南昌爲陳友諒所據，顚避去。太祖克南昌，顚謁道左。洎還金陵，顚亦隨至。一日，駕出，顚來謁。問「何爲」，曰「告太平」。自是屢以告。太祖厭之，命覆以巨缸，積薪煅之。薪盡啓視，則無恙，頂上出微汗而已。太祖異之，命寄食蔣山僧寺。已而僧來訴，顚與沙彌爭飯，怒而不食且半月。太祖往視顚，顚無饑色。乃賜盛饌，食已閉空室中，絕其粒一月，比往視，如故。諸將士爭進酒饌，茹而吐之，太祖與共食則不吐。

太祖將征友諒，問曰：「此行可乎？」對曰：「可。」曰：「彼已稱帝，克之不亦難乎？」顚仰首睨天，正容曰：「天上無他座。」太祖攜之行，舟次安慶，無風，遣使問之。曰：「行則有風。」遂命牽舟進，須臾風大作，直抵小孤。太祖慮其妄言惑軍心，使人守之。至馬當，見江豚戲水，歎曰：「水怪見，損人多。」守者以告。太祖惡之，投諸江。師次湖口，顚復來，且乞食。太祖與之食，食已，卽整衣作遠行狀，遂辭去。友諒旣平，太祖遣使往廬山求之，不得，疑其仙去。洪武中，帝親撰周顚仙傳，紀其事。

張中，字景華，臨川人。少應進士舉不第，遂放情山水。遇異人，授數學，談禍福，多奇中。太祖下南昌，以鄧愈薦召至，賜坐。問曰：「予下豫章，兵不血刃，此邦之人其少息乎？」對曰：「未也。旦夕此地當流血，廬舍燬且盡，鐵柱觀亦僅存一殿耳。」未幾，指揮康泰反，如其言。尋又言國中大臣有變，宜豫防。至秋，平章邵榮、參政趙繼祖伏甲北門爲亂，〔三〕事覺伏誅。

陳友諒圍南昌三月，太祖伐之，召問之。曰：「五十日當大勝，亥子之日獲其渠帥。」帝命從行，舟次孤山，無風不能進。乃以洞玄法祭之，風大作，遂達鄱陽。大戰湖中，常遇春孤舟深入，敵舟圍之數重，衆憂之。曰：「無憂，亥時當自出。」已而果然。連戰大勝，友諒中流矢死，降其衆五萬。自啓行至受降，適五十日。始南昌被圍，帝問「何日當解」，曰「七月丙戌」。報至，乃乙酉，蓋術官算曆，是月差一日，實在丙戌也。其占驗奇中，多若此。

爲人狷介寡合。與之言，稍涉倫理，輒亂以他語，類佯狂玩世者。嘗好戴鐵冠，人稱爲鐵冠子云。

張三丰，遼東懿州人，名全一，一名君寶，三丰其號也。以其不飾邊幅，又號張邋遢。頎而偉，龜形鶴背，大耳圓目，鬚髯如戟。寒暑惟一衲一蓑，所啖，升斗輒盡，或數日一食，或數月不食。書經目不忘，游處無恒，或云能一日千里。善嬉諧，旁若無人。嘗游武當諸巖壑，語人曰：「此山，異日必大興。」時五龍、南巖、紫霄俱燬於兵，三丰與其徒去荊榛，辟瓦礫，創草廬居之，已而舍去。

太祖故聞其名，洪武二十四年遣使覓之不得。後居寶雞之金臺觀，一日自言當死，留頌而逝，縣人共棺殮之。及葬，聞棺內有聲，啓視則復活。乃遊四川，見蜀獻王。復入武當，歷襄、漢，踪跡益奇幻。

永樂中，成祖遣給事中胡濙偕內侍朱祥齎璽書香幣往訪，遍歷荒徼，積數年不遇。乃命工部侍郎郭璡、隆平侯張信等，督丁夫三十餘萬人，大營武當宮觀，費以百萬計。既成，賜名太和太岳山，設官鑄印以守，竟符三丰言。

或言三丰金時人，元初與劉秉忠同師，後學道於鹿邑之太清宮，然皆不可考。天順三年，英宗賜誥，贈爲通微顯化眞人，終莫測其存亡也。

袁珙，字廷玉，鄞人。高祖鏞，宋季舉進士。元兵至，不屈，舉家十七人皆死。父士元，翰林檢閱官。

珙生有異稟，好學能詩。嘗遊海外洛伽山，遇異僧別古崖，授以相人術。先仰視皎日，目盡眩，布赤黑豆暗室中，辨之，又懸五色縷窗外，映月別其色，皆無訛，然後相人。其法以夜中燃兩炬視人形狀氣色，而參以所生年月，百無一謬。

珙在元時已有名，所相士大夫數十百，其於死生禍福，遲速大小，并刻時日，無不奇中。南臺大夫普化帖木兒，由閩海道見珙。珙曰：「公神氣嚴肅，舉動風生，大貴驗也。但印堂司空有赤氣，到官一百十四日當奪印。然守正秉忠，名垂後世，願自勉。」普署臺事於越，果爲張士誠逼取印綬，抗節死。見江西憲副程徐曰：「君帝座上黃紫再見，千日內有二美除。但冷笑無情，非忠節相也。」徐於一年後拜兵部侍郎，擢尙書。又二年降於明，爲吏部侍郎。嘗相陶凱曰：「君五岳朝揖而氣色未開，五星分明而光澤未見，宜藏器待時。不十年以文進，爲異代臣，官二品，其在荆、揚間乎。」凱後爲禮部尙書、湖廣行省參政。其精類如此。

洪武中，遇姚廣孝於嵩山寺，謂之曰：「公，劉秉忠之儔也，幸自愛。」後廣孝薦於燕王，召至北平。王雜衞士類己者九人，操弓矢，飲肆中。珙一見卽前跪曰：「殿下何輕身至此。」

九人者笑其謬，珙言益切。王乃起去，召珙宮中，諦視曰：「龍行虎步，日角插天，太平天子也。年四十，鬚過臍，卽登大寶矣。」已見藩邸諸校卒，皆許以公侯將帥。王慮語洩，遣之還。及卽位，召拜太常寺丞，賜冠服、鞍馬、文綺、寶鈔及居第。帝將建東宮，而意有所屬，故久不決。珙相仁宗曰：「天子也。」相宣宗曰：「萬歲天子。」儲位乃定。

珙相人卽知其心術善惡。人不畏義，而畏禍患，往往因其不善導之於善，從而改行者甚多。爲人孝友端厚，待族黨有恩。所居鄞城西，遶舍種柳，自號柳莊居士，有柳莊集。永樂八年卒，年七十有六。賜祭葬，贈太常少卿。

子忠徹，字靜思。幼傳父術。從父謁燕王，王宴北平諸文武，使忠徹相之。謂都督宋忠面方耳大，身短氣浮，布政使張昺面方五小，行步如蛇，都指揮謝貴擁腫蚤肥而氣短，都督耿瓛顴骨插鬢，色如飛火，僉都御史景淸身短聲雄，於法皆當刑死。王大喜，起兵意益決。及爲帝，卽召授鴻臚寺序班，賜賚甚厚。

遷尙寶寺丞，已，改中書舍人，扈駕北巡。駕旋，仁宗監國，爲讒言所中，帝怒，榜午門，凡東宮所處分事，悉不行。太子憂懼成疾，帝命蹇義、金忠偕忠徹視之。還奏，東宮面色靑藍，驚憂象也，收午門榜可愈。帝從之，太子疾果已。帝嘗屛左右，密問武臣朱福、朱能、張輔、李遠、柳升、陳懋、薛祿，文臣姚廣孝、夏原吉、〔三〕蹇義及金忠、呂震、方賓、吳中、李慶等禍福，後皆驗。九載秩滿，復爲尙寶司丞，進少卿。

禮部郎周訥自福建還，言閩人祀南唐徐知諤、知誨，其神最靈。帝命往迎其像及廟祝以來，遂建靈濟宮於都城，祀之。帝每遘疾，輒遣使問神。廟祝詭爲仙方以進，藥性多熱，服之輒痰壅氣逆，多暴怒，至失音，中外不敢諫。忠徹一日入侍，進諫曰：「此痰火虛逆之症，實靈濟宮符藥所致。」帝怒曰：「仙藥不服，服凡藥耶？」忠徹叩首哭，內侍二人亦哭。帝益怒，命曳二內侍杖之，且曰：「忠徹哭我，我遂死耶？」忠徹惶懼，趨伏階下，良久始解。帝識忠徹於藩邸，故待之異於外臣。忠徹亦以帝遇己厚，敢進讜言，嘗諫外國取寶之非，武臣宜許行服，衍聖公誥宜改賜玉軸，聞者韙之。

宣德初，覲帝容色曰：「七日內，宗室當有謀叛者。」漢王果反。嘗坐事下吏罰贖。正統中，復坐事下吏休致。二十餘年卒，年八十有三。

忠徹相術不殊其父，世所傳軼事甚多，不具載。其相王文，謂「面無人色，法曰瀝血頭」。相于謙，謂「目常上視，法曰望刀眼」。後果如其言。然性陰險，不如其父，與羣臣有隙，即緣相法於上前齮齕之。頗好讀書，所著有人相大成及鳳池唫藁、符臺外集，載元順帝爲瀛國公子云。

戴思恭，字原禮，浦江人，以字行。受學於義烏朱震亨。震亨師金華許謙，得朱子之傳，又學醫於宋內侍錢塘羅知悌。知悌得之荊山浮屠，浮屠則河間劉守眞門人也。震亨醫學大行，時稱爲丹溪先生。愛思恭才敏，盡以醫術授之。

洪武中，徵爲御醫，所療治立效，太祖愛重之。燕王患瘕，太祖遣思恭往治，見他醫所用藥良是，念何以不效，乃問王何嗜。曰：「嗜生芹。」思恭曰：「得之矣。」投一劑，夜暴下，皆細蝗也。晉王疾，思恭療之愈。已，復發，卽卒。太祖怒，逮治王府諸醫。思恭從容進曰：「臣前奉命視王疾，啓王曰：『今卽愈，但毒在膏肓，恐復作不可療也。』今果然矣。」諸醫由是免死。思恭時已老，風雨輒免朝。太祖不豫，少間，出御右順門，治諸醫侍疾無狀者，獨慰思恭曰：「汝仁義人也，毋恐。」已而太祖崩，太孫嗣位，罪諸醫，獨擢思恭太醫院使。

永樂初，以年老乞歸。三年夏，復徵入，免其拜，特召乃進見。其年冬，復乞骸骨，遣官護送，賚金幣，踰月而卒，年八十有二，遣行人致祭。所著有證治要訣、證治類元、類證用藥諸書，皆檃括丹溪之旨。又訂正丹溪金匱鈎玄三卷，附以己意。人謂無愧其師云。

盛寅，字啓東，吳江人。受業於郡人王賓。初，賓與金華戴原禮游，冀得其醫術。原禮笑曰：「吾固無所吝，君獨不能少屈乎？」賓謝曰：「吾老矣，不能復居弟子列。」他日伺原禮出，竊發其書以去，遂得其傳。將死，無子，以授寅。寅既得原禮之學，復討究內經以下諸方書，醫大有名。

永樂初，爲醫學正科。坐累，輸作天壽山。列侯監工者，見而奇之，令主書算。先是有中使督花鳥於江南，主寅舍，病脹，寅愈之。適遇諸途，驚曰：「盛先生固無恙耶！予所事太監，正苦脹，盍與我視之。」既視，投以藥立愈。會成祖較射西苑，太監往侍。成祖遙望見，愕然曰：「謂汝死矣，安得生？」太監具以告，因盛稱寅，卽召入便殿，令診脈。寅奏，上脈有風濕病，帝大然之，進藥果效，遂授御醫。一日，雪霽，召見。帝語白溝河戰勝狀，氣色甚厲。寅曰：「是殆有天命耳。」帝不懌，起而視雪。寅復吟唐人詩「長安有貧者，宜瑞不宜多」句，聞者咋舌。他日，與同官對弈御藥房。帝猝至，兩人斂枰伏地，謝死罪。帝命終之，且坐以觀，寅三勝。帝喜，命賦詩，立就。帝益喜，賜象牙棋枰幷詞一闋。帝晚年猶欲出塞，寅以帝春秋高，勸毋行。不納，果有榆木川之變。

仁宗在東宮時，妃張氏經期不至者十月，衆醫以妊身賀。寅獨謂不然，出言病狀。妃遙聞之曰：「醫言甚當，有此人何不令早視我。」及疏方，乃破血劑。東宮怒，不用。數日病益甚，命寅再視，疏方如前。妃令進藥，而東宮慮墮胎，械寅以待。已而血大下，病旋愈。當寅之被繫也，闔門惶怖曰：「是殆磔死。」既三日，紅仗前導還邸舍，賞賜甚厚。

寅與袁忠徹素爲東宮所惡，既愈妃疾，而怒猶未解，懼甚。忠徹曉相術，知仁宗壽不永，密告寅，寅猶畏禍。及仁宗嗣位，求出爲南京太醫院。宣宗立，召還。正統六年卒。兩京太醫院皆祀寅。寅弟宏亦精藥論，子孫傳其業。

初，寅晨直御醫房，忽昏眩欲死，募人療寅，莫能應。一草澤醫人應之，一服而愈。帝問狀，其人曰：「寅空心入藥房，猝中藥毒。能和解諸藥者，甘草也。」帝問寅，果空腹入，乃厚賜草澤醫人。

皇甫仲和，睢州人。精天文推步學。永樂中，成祖北征，仲和與袁忠徹扈從。師至漠北，不見寇，將引還，命仲和占之，言：「今日未申間，寇當從東南來。王師始却，終必勝。」忠徹對如之。比日中不至，復問，二人對如初。帝命械二人，不驗，將誅死。頃之，中官奔告曰：「寇大至矣。」時初得安南神礮，寇一騎直前，卽以礮擊之，一騎復前，再擊之，寇不動。

帝登高望之曰：「東南不少卻乎？」亟麾大將譚廣等進擊，諸將奮斫馬足，寇少退。俄疾風揚沙，兩軍不相見，寇始引去。帝欲卽夜班師，二人曰：「明日寇必降，請待之。」至期果降，帝始神其術，授仲和欽天監正。

英宗將北征，仲和時已老，學士曹鼐問曰：「駕可止乎？」曰：「不能也，紫微垣諸星已動矣。」曰：「然則奈何？」曰：「盍先治內。」胡、王兩尚書已率百官諫矣。曰：「不如立儲君。」曰：「皇子幼，未易立也。」曰：「恐終不免立。」及車駕北狩，景帝遂卽位。寇之薄都城也，城中人皆哭。仲和曰：「勿憂，雲向南，大將氣至，寇退矣。」明日，楊洪等入援，寇果退。一日出朝，有衞士請占。仲和辭，衞士怒。仲和笑曰：「汝室中妻妾正相鬬，可速返。」返則方鬬不解。或問：「何由知？」曰：「彼問時，適見兩鵲鬬屋上，是以知之。」其占事率類此。

仝寅，字景明，安邑人。年十二歲而瞽，乃從師學京房術，占禍福多奇中。父清游大同，攜之行塞上。石亨爲參將，頗信之，每事咨焉。英宗北狩，遣使問還期。筮得乾之初，曰：「大吉。四爲初之應，初潛四躍，明年歲在午，其干庚。午，躍候也。庚，更新也。龍歲一躍，秋潛秋躍，明年仲秋駕必復。但繇勿用，應在淵，還而復，必失位。然象龍也，數九也。四近五，躍近飛。龍在丑，丑曰赤奮若，復在午。午色赤，午奮於丑，若，順也，天順之也。其於丁，象大明也。位於南方，火也。寅其生，午其王，壬其合也。至歲丁丑，月寅，日午，合於壬，帝其復辟乎？」已而悉驗。

石亨入督京營，挾自隨。及也先逼都城，城中人恟懼，或請筮之，寅曰：「彼驕我盛，戰必勝。」寇果敗去。明年，也先請遣使迎上皇，廷臣疑其詐。寅言於亨曰：「彼順天仗義，我中國反失奉迎禮，寧不貽笑外蕃。」亨乃與于謙決計，上皇果還。

景泰三年，指揮盧忠告變，事連南宮。帝殺中官阮浪，猶窮治不已，外議洶洶。忠一日屏人請筮，寅叱之曰：「是兆大凶，死不足贖。」忠懼而佯狂，事得不竟。已而忠果伏誅。

英宗復辟，將官寅，寅固辭。命賜金錢金卮諸物。其父官指揮僉事，將赴徐州。英宗慮寅偕行，乃授錦衣百戶，留京師。寅見石亨勢盛，每因筮戒之，亨不能用，卒及於禍。寅以筮游公卿貴人間，莫不信重之，然無一語及私。年幾九十乃卒。

吳傑，武進人。弘治中，以善醫徵至京師，試禮部高等。故事，高等入御藥房，次入太醫院，下者遣還。傑言於尚書曰：「諸醫被徵，待次都下十餘載，一旦遣還，誠流落可憫。傑願辭御藥房，與諸人同入院。」尚書義而許之。

正德中，武宗得疾，傑一藥而愈，即擢御醫。一日，帝射獵還，憊甚，感血疾。服傑藥愈，進一官。自是，每愈帝一疾，輒進一官，積至太醫院使，前後賜彪虎衣、繡春刀及銀幣甚厚。帝每行幸，必以傑扈行。帝欲南巡，傑諫曰：「聖躬未安，不宜遠涉。」帝怒，叱左右掖出。及駕還，漁於清江浦，溺而得疾。至臨清，急遣使召傑，比至，疾已深，遂扈歸通州。時江彬握兵居左右，慮帝晏駕己得禍，力請幸宣府。傑憂之，語近侍曰：「疾亟矣，僅可還大內。倘至宣府有不諱，吾輩寧有死所乎！」近侍懼，百方勸帝，始還京師。甫還而帝崩，彬伏誅，中外晏然，傑有力焉。未幾致仕。子希周，進士，戶科給事中；希曾，舉人。

又有許紳者，京師人。嘉靖初，供事御藥房，受知於世宗，累遷太醫院使，歷加工部尚書，領院事。二十年，宮婢楊金英等謀逆，以帛縊帝，氣已絕。紳急調峻藥下之，辰時下藥，未時忽作聲，去紫血數升，遂能言，又數劑而愈。帝德紳，加太子太保、禮部尚書，賜賚甚厚。未幾，紳得疾，曰：「吾不起矣。曩者宮變，吾自分不效必殺身，因此驚悸，非藥石所能療也。」已而果卒，賜謚恭僖，官其一子，卹典有加。明世，醫者官最顯，止紳一人。

其士大夫以醫名者，有王綸、王肯堂。綸，字汝言，慈谿人，舉進士。正德中，以右副都御史巡撫湖廣，精於醫，所在治疾，無不立效。有本草集要、名醫雜著行於世。肯堂所著證治準繩，爲醫家所宗，行履詳父樵傳。

淩雲，字漢章，歸安人。爲諸生，棄去。北遊泰山，古廟前遇病人，氣垂絕，雲嗟歎久之。一道人忽曰：「汝欲生之乎？」曰：「然。」道人鍼其左股，立蘇，曰：「此人毒氣內侵，非死也，毒散自生耳。」因授雲鍼術，治疾無不效。

里人病嗽，絕食五日，衆投以補劑，益甚。雲曰：「此寒濕積也，穴在頂，鍼之必暈絕，逾時始蘇。」命四人分牽其髮，使勿傾側，乃鍼，果暈絕。家人皆哭，雲言笑自如。頃之，氣漸蘇，復加補，始出鍼，嘔積痰斗許，病即除。

有男子病後舌吐。雲兄亦知醫，謂雲曰：「此病後近女色太蚤也。舌者心之苗，腎水竭，不能制心火，病在陰虛。其穴在右股太陽，是當以陽攻陰。」雲曰：「然。」如其穴針之，舌吐如故。雲曰：「此知瀉而不知補也。」補數劑，舌漸復故。

淮陽王病風三載，請於朝，召四方名醫，治不效。雲投以鍼，不三日，行步如故。

金華富家婦，少寡，得狂疾，至裸形野立。雲視曰：「是謂喪心。吾鍼其心，心正必知恥。蔽之帳中，慰以好言釋其愧，可不發。」乃令二人堅持，用涼水噴面，鍼之果愈。吳江婦臨產，胎不下者三日，呼號求死。雲鍼刺其心，鍼出，兒應手下。主人喜，問故。曰：「此抱心生也。手鍼痛則舒。」取兒掌視之，有鍼痕。孝宗聞雲名，召至京，命太醫官出銅人，蔽以衣而試之，所刺無不中，乃授御醫。年七十七，卒於家。子孫傳其術，海內稱鍼法者，曰歸安淩氏。

有李玉者，官六安衞千戶，善鍼灸。或病頭痛不可忍，雖震雷不聞。玉診之曰：「此蟲啖腦也。」合殺蟲諸藥爲末，吹鼻中，蟲悉從眼耳口鼻出，卽愈。有跛人扶雙杖至，玉鍼之，立去其杖。兩京號「神鍼李玉」。

兼善方劑。或病痿，玉察諸醫之方，與治法合而不效，疑之。忽悟曰：「藥有新陳，則效有遲速。此病在表而深，非小劑能愈。」乃熬藥二鍋傾缸內，稍冷，令病者坐其中，以藥澆之，踰時汗大出，立愈。

李時珍，字東璧，蘄州人。好讀醫書，醫家本草，自神農所傳止三百六十五種，梁陶弘景所增亦如之，唐蘇恭增一百一十四種，宋劉翰又增一百二十種，至掌禹錫、唐愼微輩，先後增補合一千五百五十八種，時稱大備。然品類既煩，名稱多雜，或一物而析爲二三，或二物而混爲一品，時珍病之。乃窮搜博採，芟煩補闕，歷三十年，閱書八百餘家，藁三易而成書，曰本草綱目。增藥三百七十四種，釐爲一十六部，合成五十二卷。首標正名爲綱，餘各附釋爲目，次以集解詳其出產、形色，又次以氣味、主治附方。書成，將上之朝，時珍遽卒。未幾，神宗詔修國史，購四方書籍。其子建元以父遺表及是書來獻，天子嘉之，命刊行天下，自是士大夫家有其書。時珍官楚王府奉祠正，子建中，四川蓬溪知縣。

又吳縣張頤、祁門汪機、杞縣李可大、常熟繆希雍皆精通醫術，治病多奇中。而希雍常謂本草出於神農，朱氏譬之五經，其後又復增補別錄，譬之註疏，惜硃墨錯互。乃沈研剖析，以本經爲經，別錄爲緯，著本草單方一書，行於世。

周述學，字繼志，山陰人。讀書好深湛之思，尤邃於曆學，撰中經。用中國之算，測西域之占。又推究五緯細行，爲星道五圖，於是七曜皆有道可求。與武進唐順之論曆，取歷代史志之議，正其訛舛，删其繁蕪。又撰大統萬年二曆通議，以補歷代之所未及。自曆以外，圖書、皇極、律呂、山經、水志、分野、輿地、算法、太乙、壬遁、演禽、風角、鳥占、兵符、陣法、卦影、祿命、建除、葬術、五運六氣、海道鍼經，莫不各有成書，凡一千餘卷，統名曰神道大編。

嘉靖中，錦衣陸炳訪士於經歷沈鍊，鍊舉述學。炳禮聘至京，服其英偉，薦之兵部尙書趙錦。錦就訪邊事，述學曰：「今歲主有邊兵，應在乾艮。艮爲遼東，乾則宣、大二鎭，京師可無虞也。」已而果然。錦將薦諸朝，會仇鸞聞其名欲致之，述學識其必敗，乃還里。總督胡宗憲征倭，招至幕中，亦不能薦，以布衣終。

張正常，字仲紀，漢張道陵四十二世孫也。世居貴溪龍虎山。元時賜號天師。太祖克南昌，正常遣使上謁，已而兩入朝。洪武元年入賀卽位。太祖曰：「天有師乎？」乃改授正一嗣教眞人，賜銀印，秩視二品。設寮佐，曰贊教，曰掌書。定爲制。

長子宇初嗣。建文時，坐不法，奪印誥。成祖卽位，復之。宇初嘗受道法於長春眞人劉淵然，後與淵然不協，相詆訐。永樂八年卒，弟宇淸嗣。宣德初，淵然進號大眞人，宇淸入朝懇禮部尚書胡濙爲之請，亦加號崇謙守靜。

再傳至曾孫元吉，年幼，敕其祖母護持，而贈其父留綱爲眞人，封母高氏爲元君。景泰五年入朝，乞給道童四百二十人度牒。濙復爲請，許之。尋欲得大眞人號，濙爲請，又許之。天順七年再乞給道童三百五十人度牒，禮部尚書姚夔持不可，詔許度百五十人。憲宗立，元吉復乞加母封，改太元君爲太夫人，以吏部言不許，乃止。初，元吉已賜號沖虛守素昭祖崇法安恬樂靜玄同大眞人，母慈惠靜淑太元君，至是加元吉號體玄悟法淵默靜虛闡道弘法妙應大眞人，母慈和端惠貞淑太眞君。然元吉素兇頑，至僭用乘輿器服，擅易制書。奪良家子女，逼取人財物。家置獄，前後殺四十餘人，有一家三人者。事聞，憲宗怒，械元吉至京，會百官廷訊，論死。於是刑部尚書陸瑜等請停襲，去眞人號，不許。命仍舊制，擇其族人授之，有妄稱天師，印行符籙者，罪不貸。時成化五年四月也。元吉坐繫二年，竟以贇緣免死，杖百，發肅州軍，尋釋爲庶人。

族人元慶嗣，弘治中卒。子彥頨嗣，嘉靖二年進號大眞人。彥頨知天子好神仙，遣其徒十餘人乘傳詣雲南、四川採取遺經、古器進上方，且以蟒衣玉帶遺鎭守中貴，爲雲南巡撫歐陽重所劾，不問。十六年禱雪內庭有驗，賜金冠玉帶、蟒衣銀幣，易金印，敕稱卿不名。彥頨入朝所經，郵傳供應或後期，常山知縣吳襄等至下按臣治。

傳子永緒，嘉靖末卒，無子。吏部主事郭諫臣乘穆宗初政，上章請奪其世封。下江西守臣議，巡撫任士憑等力言宜革，乃去真人號，改授上清觀提點，秩五品，給銅印，以其宗人國祥爲之。萬曆五年，馮保用事，復國祥故封，仍予金印。國祥傳至應京。崇禎十四年，帝以天下多故，召應京有所祈禱。既至，命賜宴。禮臣言：「天順中制，真人不與宴，但賜筵席。今應京奉有優旨，請倣宴法王佛子例，宴於靈濟宮，以內官主席。」從之。明年三月，應京請加三官神封號，中外一體尊奉。禮官力駁其謬，事得寢。

張氏自正常以來，無他神異，專恃符籙，祈雨驅鬼，間有小驗。顧代相傳襲，閱世既久，卒莫廢去云。

劉淵然者，贛縣人。幼爲祥符宮道士，頗能呼召風雷。洪武二十六年，太祖聞其名，召至，賜號高道，館朝天宮。永樂中，從至北京。仁宗立，賜號長春真人，給二品印誥，與正一真人等。宣德初，進大真人。七年乞歸朝天宮，御製山水圖歌賜之。卒年八十二，閱七日入殮，端坐如生。淵然有道術，爲人清靜自守，故爲累朝所禮。

其徒有邵以正者，雲南人，早得法於淵然。淵然請老，薦之，召爲道籙司左玄義。〔四〕正統中，遷左正一，領京師道教事。景泰時，賜號悟玄養素凝神沖默闡微振法通妙真人。天順三年將行慶成宴。故事，真人列二品班末，至是，帝曰：「殿上宴文武官，真人安得與。」其送筵席與之，遂爲制。

又有沈道寧者，亦有道術。仁宗初，命爲混元純一沖虛湛寂清靜無爲承宣布澤助國佐民廣大至道高士，階正三品，賜以法服。

時有浮屠智光者，亦賜號圓融妙慧淨覺弘濟輔國光範衍教灌頂廣善大國師，賜以金印。智光，武定人。洪武時，奉命兩使烏斯藏諸國。永樂時，又使烏斯藏，迎尚師哈立麻，遂通番國諸經，多所譯解。歷事六朝，寵錫冠羣僧，與淵然輩淡泊自甘，不失戒行。迨成化、正德、嘉靖朝，邪妄雜進，恩寵濫加，所由與先朝異矣。

校勘記

〔一〕元機啓微　千頃堂書目卷一四、稽璜續文獻通考卷一七九作「原機啓微」。

〔二〕參政趙繼祖伏甲北門爲亂　趙繼祖，原作「趙維祖」，據本書卷一太祖紀、太祖實録卷一一壬寅七月丙辰條改。

〔三〕夏原吉　原作「夏元吉」。明初人惡書「元」字，往往改「元」爲「原」。今據本書卷一四九夏原吉傳改從一致。

〔四〕名爲道籙司左玄義　道籙司，本書卷七四職官志、明會典卷二一作「道録司」。

明史卷三百

列傳第一百八十八

外戚

明太祖立國，家法嚴。史臣稱后妃居宮中，不預一髮之政，外戚循理謹度，無敢怙寵以病民，漢、唐以來所不及。而高、文二后賢明，抑遠外氏。太祖訪得高后親族，將授以官。后謝曰：「國家爵祿宜與賢士大夫共之，不當私妾家。」且援前世外戚驕佚致禍爲辭。帝善后言，賜金帛而已。定國之封，文皇后謂非己志，臨終猶勸帝，毋驕畜外家。詒謀既遠，宗社奠安，而椒房貴戚亦藉以保福慶逮子孫，所全不已多乎。

惟英宗時，會昌侯孫繼宗以奪門功，參議國是。自茲以下，其賢者類多謹身奉法，謙謙有儒者風。而一二怙恩負乘之徒，所好不過田宅、狗馬、音樂，所狎不過俳優、伎妾，非有軍國之權，賓客朋黨之勢。而在廷諸臣好爲危言激論，汰如壽寧兄弟，庸駑如鄭國泰，已逐影尋釁，抨擊不遺餘力。故有明一代，外戚最爲孱弱。然而惠安、新樂，舉宗殉國，嗚呼卓矣！

成祖后家詳中山王傳，餘採其行事可紀者，作外戚傳。

陳公 馬公 呂本 馬全 張麒 子昶 昇等 胡榮 孫忠 子繼宗

吳安 錢貴 汪泉 杭昱 周能 子壽 彧 王鎮 子源等 萬貴

邵喜 張巒 夏儒 陳萬言 方銳 陳景行 李偉 王偉

鄭承憲 王昇 劉文炳 弟文燿等 張國紀 周奎

陳公，逸其名，淳皇后父也。洪武二年追封揚王，媼爲王夫人，立祠太廟東。明年有言王墓在盱眙者，中都守臣按之信。帝乃命中書省卽墓次立廟，設祠祭署，奉祀一人，守墓戶二百一十家，世世復。帝自製揚王行實，諭翰林學士宋濂文其碑，略曰：

王姓陳氏，世維揚人，不知其諱。當宋季，名隸尺籍伍符中，從大將張世傑扈從祥興。至元己卯春，世傑與元兵戰，師大潰，士卒多溺死。王幸脫死達岸，與一二同行者，累石支破釜，煮遺糧以療饑。已而絕糧，同行者聞山有死馬，將共烹食之。王疲極晝睡，夢一白衣人來曰：「汝愼勿食馬肉，今夜有舟來共載也。」王未之深信，俄又夢如初。至夜將半，夢中髣髴聞櫓聲，有衣紫衣者以杖觸王胯曰：「舟至矣。」王驚寤，身已在舟上，見舊所事統領官。

時統領已降於元將，元將令來附者輒擲棄水中。統領憐王，藏之艎板下，日取乾餱從板隙投之，王掬以食。復與王約，以足撼板，王卽張口從板隙受漿。居數日，事洩，徬徨不自安。颶風吹舟，盤旋如轉輪，久不能進，元將大恐。統領知王善巫術，遂白而出之。王仰天叩齒，若指麾鬼神狀，風濤頓息。元將喜，因飲食之。至通州，送之登岸。

王歸維揚，不樂爲軍伍，避去盱眙津里鎭，以巫術行。王無子，生二女，長適季氏，次卽皇太后。晚以季氏長子爲後，年九十九薨，遂葬焉，今墓是已。

臣濂聞君子之制行，能感於人固難，而能通於神明爲尤難。今當患難危急之時，神假夢寐，挾以升舟，非精誠上通於天，何以致神人之佑至於斯也。舉此推之，則積德之深厚，斷可信矣。是宜慶鍾聖女，誕育皇上，以啓億萬年無疆之基，於乎盛哉！

臣濂旣序其事，復再拜稽首而獻銘曰：皇帝建國，克展孝思。疏封母族，自親而推。錫爵維揚，地邇帝畿，立廟崇祀，玄冕袞衣。痛念宅兆，卜之何墟，閫師來告，今在盱眙。皇情悅豫，繼以涕洟，卽詔禮官，汝往葺治，毋俾蕘豎，跳踉以嬉。惟我揚王，昔隸戎麾，獰風蕩海，糧絕阻饑。天有顯相，夢來紫衣，挾以登舟，神力所持，易死爲生，壽躋期頤。積累深長，未究厥施，乃毓聖女，茂衍皇支。蘿圖肇開，鴻祚巍巍，日照月臨，風行霆馳。自流徂源，功亦有歸，無德弗酬，典禮可稽。聿昭化原，扶植政基，以廣孝治，以惇民彝。津里之鎭，王靈所依，於昭萬年，視此銘詩。

馬公，逸其名，高皇后父也，宿州人。元末殺人，亡命定遠。與郭子興善，以季女屬子興，後歸太祖，卽高皇后也。

公及妻鄭媼皆前卒，洪武二年追封徐王，媼爲王夫人，建祠太廟東。皇后親奉安神主，祝文稱「孝女皇后馬氏，謹奉皇帝命致祭」。四年命禮部尚書陶凱卽宿州塋次立廟，帝自爲文以祭。

文曰：「朕惟古者創業之君，必得賢后以爲內助，共定大業。及天下已安，必追崇外家，以報其德。惟外舅、外姑實生賢女，正位中宮。朕既追封外舅爲徐王，外姑爲王夫人，以王無繼嗣，立廟京師，歲時致祭。然稽之古典，於禮未安。又念人生其土，魂魄必遊故鄉，故卽塋所立廟，俾有司春秋奉祀。茲擇吉辰，遣禮官奉安神主於新廟，靈其昭格，尙鑒在茲。」

二十五年設祠祭署，奉祀、祀丞各一人。王無後，以外親武忠、武聚爲之，置灑掃戶九十三家。永樂七年北巡，親謁祠下。守塚武戡爲建陽衞鎭撫，犯法，責而宥之。十五年，帝復親祭，以戡爲徐州衞指揮僉事。

呂本，壽州人，懿文太子次妃父也。仕元，爲元帥府都事。後歸太祖，授中書省令史。洪武五年歷官吏部尙書。六年改太常司卿。明年四月，御史臺言：「本奉職不謹，郊壇牲角非繭栗，功臣廟壞不修。」詔免官，罰役功臣廟。已，釋爲北平按察司僉事。帝召本及同時被命楊基、答祿與權，諭之曰：「風憲之設，在肅紀綱，淸吏治，非專理刑名。爾等往修厥職，務明大體，毋傚俗吏拘繩墨。善雖小，爲之不已，將成全德；過雖小，積之不已，將爲大憝。不見干雲之臺，由寸土之積，燎原之火，由一熛之微，可不愼哉！」本等頓首受命，尋復累遷太常司卿。逾二年卒，無子，賜葬鍾山之陰。

馬全，洪武中爲光祿少卿。其女，乃惠帝后也。燕兵陷都城，全不知所終。

張麒，〔一〕永城人。洪武二十年以女為燕世子妃，授兵馬副指揮。世子為太子，進京衞指揮使，尋卒。仁宗即位，追封彭城伯，謚恭靖，後進侯。二子昶、昇，並昭皇后兄也。

昶從成祖起兵取大寧，戰鄭村壩，俱有功，授義勇中衞指揮同知。已，援薊州，敗遼東軍，還佐世子守北平。永樂初，累官錦衣衞指揮使。昶嘗有過，成祖戒之曰：「戚畹最當守法，否則罪倍常人。汝今富貴，能不忘貧賤，驕逸何自生。若奢傲放縱，陵虐下人，必不爾恕，愼之。」昶頓首謝。仁宗立，擢中軍都督府左都督，俄封彭城伯，子孫世襲。洪熙改元，命掌五軍右哨軍馬。英宗嗣位，年幼，太皇太后召昶兄弟誡諭之，凡朝政弗令預。昶兄弟素恭謹，因訓飭益自斂。正統三年卒。

長子輔病廢，子瑾嗣。以伯爵封輔，命未下而輔卒。初，昶私蓄奄人，瑾匿不舉。事發，下獄，已，獲釋。瑾從弟玘，天順中，官錦衣衞副千戶。飲千戶呂宏家，醉抽刀刺宏死，法當斬，有司援議親末減。詔不從，迄如律。成化十六年，瑾卒，子信嗣。其後裔嗣封，見世表。

昇，字叔暉。成祖起兵，以舍人守北平有功，授千戶，歷官府軍衞指揮僉事。永樂十二年從北征。仁宗即位，拜後府都督同知。宣德初，進左都督掌左府事。四年二月敕諭昇曰：「卿舅氏至親，日理劇務，或以吏欺譴連，不問則廢法，問則傷恩，其罷府事，朝朔望，官祿如舊，稱朕優禮保全之意。」九年北征，命掌都督府事，留守京師。英宗立，太皇太后令勿預政。大學士楊士奇稱昇賢，宜加委任，終不許。正統五年，兄杲已前卒，太后念外氏惟昇一人，封惠安伯，予世襲。明年卒。

子輗早亡，孫琮嗣。琮卒，弟瑛嗣。瑛卒，無子，庶兄瓚嗣。瓚卒，子偉嗣。弘治十二年充陝西總兵官，鎮守固原。明年五月，孝宗御平臺，出兵部推舉京營大將疏，歷詢大學士劉健等，僉稱偉才。命提督神機營，御書敕以賜。正德元年令參英國公張懋、保國公朱暉提督團營。三年加太子太保。六年三月充總兵官，〔三〕偕都御史馬中錫督京兵討流賊劉六等。朝議以偉擁兵自衞，責其玩寇殃民，召還。御史吳堂復劾其罪，兵部請逮偉及中錫，下獄論死。遇赦獲釋，停祿閒住。十年請給祿，詔給其半。十五年復督神機營。嘉靖初，兼提督團營。二年敍奉迎防守功，加太子太傅。十四年卒，贈太傅，謚康靖。

子鑭嗣。二十年，言官劾勛戚權豪家置店房、科私稅諸罪，鑭亦預，輸贖還爵。二十七年掌後府事。居三年卒。子元善嗣。隆慶四年僉書後府事。萬曆三十七年卒。子慶臻嗣。四十八年掌左府事。崇禎元年七月命提督京營。慶臻私請內閣，於敕內增入兼管捕營。捕營提督鄭其心訐慶臻侵職，帝怒，詰改敕故。大學士劉鴻訓至遣戍，慶臻以世臣停祿三年。後復起，掌都督府。十七年，賊陷都城，慶臻召親黨盡散貲財，闔家自燔死。南渡時，贈太師、惠安侯，謚忠武，合祀旌忠祠。初，世宗嘉靖八年革外戚世爵，惟彭城、惠安獲存，慶臻卒殉國難。

胡榮，濟寧人。洪武中，長女入宮爲女官，授錦衣衞百戶。永樂十五年將册其第三女爲皇太孫妃，擢光祿寺卿，子安爲府軍前衞指揮僉事，專侍太孫，不涖事。後太孫踐阼，妃爲皇后，安亦屢進官。宣德三年，后廢，胡氏遂不振。

孫忠，字主敬，鄒平人。初名愚，宣宗改曰忠。初，以永城主簿督夫營天壽山陵，有勞，遷鴻臚寺序班，選其女入皇太孫宮。宣宗卽位，册貴妃，授忠中軍都督僉事。三年，皇后胡氏廢，貴妃爲皇后，封忠會昌伯。嘗謁告歸里，御製詩賜之，命中官輔行。比還，帝后臨幸慰勞。妻董夫人數召入宮，賜賚弗絕。

正統中，皇后爲皇太后。忠生日，太后使使賜其家。時王振專權，祭酒李時勉荷校國學門，忠附奏曰：「臣荷恩厚，願赦李祭酒使爲臣客。坐無祭酒，臣不歡。」太后立言之帝，時勉獲釋。忠家奴貸子錢於濱州民，規利數倍，有司望風奉行，民不堪，訴諸朝，言官交章劾之。命執家奴戍邊，忠不問。景泰三年卒，年八十五，贈會昌侯，謚康靖。英宗復辟，加贈太傅、安國公，改謚恭憲。成化十五年再贈太師、左柱國。子五人：繼宗、顯宗、紹宗、續宗、純宗。

純宗官錦衣衞指揮僉事，早卒。

繼宗，字光輔，章皇后兄也。宣德初，授府軍前衞指揮使，改錦衣衞。景泰初，進都指揮僉事，尋襲父爵。天順改元，以奪門功，進侯，加號奉天翊衞推誠宣力武臣，特進光祿大夫、柱國，身免二死，子免一死，世襲侯爵；諸弟官都指揮僉事者，俱改錦衣衞。復自言：「臣與弟顯宗率子、壻、家奴四十三人預奪門功，乞加恩命。」由是顯宗進都指揮同知，子璉授錦衣衞指揮使，壻指揮使武忠進都指揮僉事，蒼頭輩授官者十七人。五月，命督五軍營戎務兼掌後軍都督府事。

左右又有爲紹宗求官者，帝召李賢謂曰：「孫氏一門，長封侯，次皆顯秩，子孫二十餘人悉得官，足矣。今又請以爲慰太后心，不知初官其子弟時，請於太后，數請始允，且不懌者累日，曰：『何功於國，濫授此秩，物盛必衰，一旦有罪，吾不能庇矣。』太后意固如此。」賢稽首頌太后盛德，因從容言祖宗以來，外戚不典軍政。帝曰：「初內侍言京營軍非皇舅無可屬，太后實悔至今。」賢曰：「侯幸淳謹，但後此不得爲故事耳。」帝曰：「然。」已，錦衣逯杲奏英國公張懋、太平侯張瑾及繼宗、紹宗並侵官地，立私莊。命各首實，懋等具服，乃宥之，典莊者悉逮問，還其地於官。石亨之獲罪也，繼宗爲顯宗、武忠及子孫、家人、軍伴辭職，帝止革家人、軍伴之授職者七人，餘不問。五年，曹欽平，進太保。尋以疾奏解兵柄，辭太保，不允。

憲宗嗣位，命繼宗提督十二團營兼督五軍營，知經筵事，監修英宗實錄。朝有大議，必繼宗爲首。再覈奪門功，惟繼宗侯如故。乞休，優詔不許。三年八月，實錄成，加太傅。十年，兵科給事中章鎰疏言：「繼宗久司兵柄，尸位固寵，亟宜罷退，以全終始。」於是繼宗上疏懇辭，帝優詔許解營務，仍蒞後府事，知經筵，預議大政。復辭，帝不許，免其奏事承旨。自景泰前，戚臣無典兵者，帝見石亨、張軏輩以營軍奪門，故使外戚親臣參之，非故事也。又五年卒，年八十五，贈鄖國公，諡榮襄。再傳至曾孫杲，詳世表中。

吳安，丹徒人。父彥名，有女入侍宣宗於東宮，生景帝。宣德三年册爲賢妃，彥名已卒，授安錦衣衞百戶。景帝嗣位，尊妃爲皇太后，安進本衞指揮使。屢遷前府左都督，弟信亦屢擢都督僉事。景泰七年封安安平伯。信早亡，官其弟敬爲南京前軍左都督。英宗復辟，太后復稱賢妃，降安爲府軍前衞指揮僉事。敬及其羣從南京錦衣衞指揮僉事智、府軍前衞指揮同知喜山、指揮僉事廣林、〔三〕錦衣衞千戶誠，俱革職原籍閒住。尋命安爲錦衣衞指揮使，子孫世襲。

錢貴，海州人，英宗睿皇后父也。祖整，從成祖起兵，爲燕山護衞副千戶。父通嗣職，官至金吾右衞指揮使。貴嗣祖職，數從成祖、宣宗北征，屢遷都指揮僉事。正統七年，后將正位中宮，擢貴中府都督同知。英宗數欲封之，后輒遜謝，故后家獨不獲封。

貴卒，長子欽爲錦衣衞指揮使，與弟鍾俱歿於土木。欽無子，以鍾遺腹子雄爲後，年幼，以父錦衣故秩予優給。天順改元，累擢都督同知。成化時，后崩。憲宗優生母外家周氏，而薄錢氏，故后家又不獲封。雄卒，子承宗亦屢官錦衣衞都指揮使。弘治二年，承宗祖母王氏援憲宗外家王氏例，請封。乃封承宗安昌伯，世襲。先是，勛臣莊田租稅皆有司代收，至是王氏乞自收，始命願自收者聽，而禁管莊者橫肆。嘉靖五年，承宗卒，〔四〕謚榮僖。子維圻嗣。尋卒，承宗母請以庶長子維垣嗣，〔五〕詔授錦衣衞指揮使。已又請嗣伯爵。世宗以外戚世封非祖制，下廷臣議。八年十月上議曰：「祖宗之制，非軍功不封。洪熙時，都督張昶封彭城伯，弟昇亦封惠安伯，外戚之封，自此始。循習至今，有一門數貴者，歲縻厚祿，踰分非法。臣等謹議：魏、定二公雖係戚里，實佐命元勛，彭城、惠安二伯即以恩澤封，而軍功參半。其餘外戚恩封，毋得請襲。有出特恩一時寵錫者，量授指揮，千、百戶之職，終其身。」制曰：「可。」命魏、定、彭城、惠安襲封如故，餘止終本身，著爲令。維垣遂不得襲，以錦衣終。

汪泉，世爲金吾左衞指揮使，家京師。正統十年，其子瑛有女將册爲郕王妃，授瑛爲中城兵馬司指揮，食祿不視事。妃正位中宮，進泉都指揮同知府軍衞，帶俸，瑛錦衣衞指揮使。尋並擢左都督，瑛弟亦授錦衣千戶有差。英宗復位，泉仍居金吾舊職，瑛錦衣舊職，其四弟皆奪官還故里。尋命瑛錦衣指揮僉事，子孫世襲。

杭昱，女爲景帝妃，生子見濟。景泰三年，帝欲廢英宗子而立己子，乃廢皇后汪氏，册妃爲后。昱累官錦衣衞指揮使。兄聚授錦衣千戶。聚尋卒，賜賻及祭葬。七年，后崩，官其弟敏錦衣百戶。英宗復辟，盡奪景帝所授外親官，尤惡杭氏，昱已前卒，敏削職還里。

周能，字廷舉，昌平人。女爲英宗妃，生憲宗，是爲孝肅皇太后。英宗復位，授能錦衣衞千戶，賜賚甚渥。

能卒，長子壽嗣職。憲宗踐阼，擢左府都督同知。成化三年封慶雲伯，贈能慶雲侯。壽以太后弟，頗恣橫。時方禁勛戚請乞莊田，壽獨冒禁乞通州田六十二頃，〔六〕不得已與之。嘗奉使，道呂梁洪，多挾商艘。主事謝敬不可，壽與鬨，且劾之，敬坐落職。十七年進侯，子弟同日授錦衣官者七人，能追贈太傅、寧國公，謚榮靖。孝宗立，壽加太保。時壽所賜莊田甚多，其在寶坻者已五百頃，又欲得其餘七百餘頃，詭言以私財相易。部劾其貪求無厭，執不許，孝宗竟許之。又與建昌侯張延齡爭田，兩家奴相毆，交章上聞。又數撓鹽法，侵公家利，有司厭苦之。十六年加太傅，弟長寧伯彧亦加太保，兄弟並爲侯伯，位三公，前此未有也。武宗立，汰傳奉官，壽子姪八人在汰中，壽上章乞留，從之。正德四年卒，贈宣國公，謚恭和。

子瑛嗣，封殖過於父。嘉靖中，於河西務設肆邀商貨，虐市民，虧國課，爲巡按御史所劾，停祿三月。而瑛怙惡如故，又爲主事翁萬達所劾，詔革其廛肆，下家人於法司。時已革外戚世爵，瑛卒，遂不得嗣。

彧，太后仲弟也。成化時，累官左府都督同知。二十一年封長寧伯，世襲。弘治中，外戚經營私利，彧與壽寧侯張鶴齡至聚衆相鬭，都下震駭。九年九月，尚書屠滽偕九卿上言：

憲宗皇帝詔，勛戚之家，不得占據關津陂澤，設肆開廛，侵奪民利，違者許所在官司執治以聞。皇上踐極，亦惟先帝之法是訓是遵。而勛戚諸臣不能恪守先詔，縱家人列肆通衢，邀截商貨，都城內外，所在有之。觀永樂間榜例，王公僕從二十人，一品不過十二人。今勛戚多者以百數，大乖舊制。其間多市井無賴，冒名罔利，利歸羣小，怨叢一身，非計之得。

邇者長寧伯周彧、壽寧侯張鶴齡兩家，以瑣事忿爭，喧傳都邑，失戚里之觀瞻，損朝廷之威重。伏望綸音戒諭，俾各修舊好。凡有店肆，悉皆停止。更敕都察院揭榜禁戒，擾商賈、奪民利者，聽巡城巡按御史及所在有司執治。仍考永樂間榜例，裁定勳戚家人，不得濫收。

科道亦以爲言，帝嘉納之。十八年進太保。彧求爲侯，吏部言封爵出自朝廷，無請乞者，乃止。武宗立，悉擢彧子瑭等六人爲錦衣官。彧尋卒，傳子瑭，孫大經，及曾孫世臣，降授錦衣衛指揮同知。

先是，孝肅有弟吉祥，兒時出游，去爲僧，家人莫知所在，孝肅亦若忘之。一夕，夢伽藍神來，言后弟今在某所，英宗亦同時夢。旦遣小黃門，以夢中言物色，得之報國寺伽藍殿中，召入見。后且喜且泣，欲爵之不可，厚賜遣還。憲宗立，爲建大慈仁寺，賜莊田數百頃。其後，周氏衰落，而慈仁寺莊田久猶存。

王鎭，字克安，上元人，憲宗純皇后父也。成化初，授金吾左衞指揮使。未幾，后將正位中宮，拜中軍都督同知。四年進右都督。鎭爲人厚重淸謹，雖榮寵，不改其素，有長者稱。十年六月卒。弘治六年追封阜國公，〔七〕謚康穆。子三人：源，淸，濬。

源，字宗本，后弟也。父卒，授錦衣衛都指揮使。外戚例有賜田，源家奴怙勢，多侵靜海縣民業。十六年，給事中王垣等言：「永樂、宣德間，許畿輔八郡民盡力墾荒，永免其稅，所以培國本重王畿也。外戚王源賜田，初止二十七頃，乃令其家奴別立四至，占奪民產至二千二百餘頃。及貧民赴告，御史劉喬徇情曲奏，致源無忌憚，家奴益橫。今戶部郎中張禎叔等再按得實，乞自原額外悉還民，幷治喬罪。」帝不悅，切責之。後詔禁外戚侵民產，源悉歸所占於民，人多其能改過。十八年擢中軍都督同知。二十年封瑞安伯。弘治六年進侯。〔八〕十六年加太保。武宗登極，進太傅，增祿至七百石。嘉靖三年卒，贈太師，謚榮靖。

清，成化十八年授錦衣衞千戶，累官中軍都督同知。弘治十年封崇善伯。武宗嗣位，加太保。嘉靖十三年卒。

濬，成化十八年授錦衣衞百戶。兄清每遷職，輒以濬代，歷官中軍左都督。正德二年封安仁伯，踰月卒，贈侯。濬兄弟三人並貴顯，皆謙愼守禮，在戚里中以賢稱。

源子橋、濬子桓，皆嗣伯。嘉靖中幷淸子極皆以例降革。

萬貴，憲宗萬貴妃父也，歷官錦衣衞指揮使。貴頗謹飭，每受賜，輒憂形於色曰：「吾起掾史，編尺伍，蒙天子恩，備戚屬，子姓皆得官。福過災生，未知所終矣。」時貴妃方擅寵，貴子喜爲指揮使，與弟通、達等並驕橫。貴每見諸子屑越賜物，輒戒曰：「官所賜，皆著籍。他日復宣索，汝曹將重得罪。」諸子笑以爲迂。成化十年卒，賻贈祭葬有加。

十四年進喜都指揮同知，通指揮使，達指揮僉事。通少貧賤，業賈。既驟貴，益貪黷無厭，造奇巧邀利。中官韋興、梁芳等復爲左右，每進一物，輒出內庫償，輦金錢絡繹不絕。通妻王出入宮掖，大學士萬安附通爲同宗，婢僕朝夕至王所，謁起居。妖人李孜省輩皆緣喜進，朝野苦之。通死，帝眷萬氏不已，遷喜都督同知，達指揮同知。通庶子方二歲，養子方四歲，俱授官。憲宗崩，言官劾其罪狀。孝宗乃奪喜等官，而盡追封誥及內帑賜物，如貴言。

邵喜，昌化人，世宗大母邵太后弟也。世宗立，封喜昌化伯，明年卒。子蕙嗣，嘉靖六年卒，無子，族人爭嗣。初，太后入宮時，父林早歿。太后弟四人：宗、安、宣、喜。宗、宣無後，及蕙卒，帝令蕙弟萱嗣。蕙姪錦衣指揮輔、千戶茂言，萱非嫡派，不當襲，蕙母爭之，議久不決。大學士張璁等言：「邵氏子孫已絕，今其爭者皆旁枝，不宜嗣。」時帝必欲爲喜立後，乃以喜兄安之孫杰爲昌化伯。明年，明倫大典成，命武定侯郭勛頒賜戚畹，弗及杰。杰自請之，帝詰勛。勛怒，錄邵氏爭襲章奏，訐杰實他姓，請覆勘，帝不聽。會給事中陸粲論大學士桂萼受杰賂，使奴隸冒封爵。帝怒，下粲獄，而盡革外戚封，杰亦奪襲。

張巒，敬皇后父也。弘治四年封壽寧伯。〔九〕立皇太子，進爲侯。卒贈昌國公，子鶴齡嗣侯。十六年，其弟延齡亦由建昌伯進爵侯。巒起諸生，雖貴盛，能敬禮士大夫。鶴齡兄弟並驕肆，縱家奴奪民田廬，篡獄囚，數犯法。帝遣侍郎屠勳、太監蕭敬按得實，坐奴如律。敬復命，皇后怒，帝亦佯怒。已而召敬曰：「汝言是也。」賜之金。給事中吳世忠、主事李夢陽皆以劾延齡幾得罪。他日，帝遊南宮，鶴齡兄弟入侍。酒半，皇后、皇太子及鶴齡母金夫人起更衣，因出遊覽。帝獨召鶴齡語，左右莫得聞，遙見鶴齡免冠首觸地，自是稍斂迹。正德中，鶴齡進太傅。世宗入繼，鶴齡以定策功，進封昌國公。時敬皇后已改稱皇伯母昭聖皇太后矣。帝以太后抑其母蔣太后故，銜張氏。嘉靖十二年，延齡有罪下獄，坐死，幷革鶴齡爵，謫南京錦衣衞指揮同知，太后爲請不得。

初，正德時，日者曹祖告其子鼎爲延齡奴，與延齡謀不軌。武宗下之獄，將集羣臣廷鞫之，祖仰藥死。時頗以祖暴死疑延齡，而獄無左證，遂解。指揮司聰者，爲延齡行錢，負其五百金。索之急，遂與天文生董杲子至謀訐祖前所首事，脅延齡賄。延齡執聰幽殺之，令聰子昇焚其屍，而折所負券。昇噤不敢言，常憤詈至。至慮事發，乃摭聰前奏上之。下刑部，逮延齡及諸奴雜治。延齡嘗買沒官第宅，造園池，僭侈踰制。又以私憾殺婢及僧，事幷發覺。刑部治延齡謀不軌，無驗，而違制殺人皆實，遂論死。

繫獄四年，獄囚劉東山發延齡手書訕上，東山得免戍，又陰搆奸人劉琦誣延齡盜宮禁內帑，所告連數十百人。明年，奸人班期、于雲鶴又告延齡兄弟挾左道祝詛，辭及太后。鶴齡自南京赴逮，瘐死，期、雲鶴亦坐誣謫戍。又明年，東山以射父亡命，爲御史陳讓所捕獲，復誣告延齡幷搆讓及遂安伯陳鏸等數十人，冀以悅上意而脫己罪。奏入，下錦衣衞窮治，讓獄中上疏言：「東山扇結奸黨，圖危宮禁。陛下有帝堯旣睦之德，而東山敢爲陛下言漢武巫蠱之禍。陛下有帝舜底豫之孝，而東山敢導陛下以暴秦遷母之謀。離間骨肉，背逆不道，義不可赦。」疏奏，帝頗悟。指揮王佐典其獄，鈎得東山情，奏之。乃械死東山，赦讓、鏸等，而延齡長繫如故。太后崩之五年，延齡斬西市。

夏儒，毅皇后父也。正德二年以后父封慶陽伯。爲人長厚，父瑄疾，三年不去左右。旣貴，服食如布衣時，見者不知爲外戚也。十年以壽終，子臣嗣伯。嘉靖八年罷襲。

陳萬言，肅皇后父也，大名人，起家諸生。嘉靖元年授鴻臚卿，改都督同知，賜第黃華坊。明年詔復營第於西安門外，費帑金數十萬。工部尙書趙璜以西安門近大內，治第毋過高。帝怒，逮營繕郎翟璘下獄。言官余瓚等諫，不省。尋封萬言泰和伯，子紹祖授尙寶司丞。

又明年，萬言乞武淸、東安地各千頃爲莊田，詔戶部勘閑地給之。給事中張漢卿言：「萬言拔跡儒素，聯婚天室，當躬自檢飭，爲戚里倡，而僭冒陳乞，違越法度。去歲深冬冱雪，急起大第，徒役疲勞，怨咨載道。方今災沴相繼，江、淮餓死之人，掘穴掩埋，動以萬計。萬言曾不動念，益請莊田。小民一廛一畝，終歲力作，猶不足於食，若又割而畀之貴戚，欲無流亡，不可得也。伏望割恩以義，杜漸以法，一切裁抑，令保延爵祿。」帝竟以八百頃給之。巡撫劉麟、御史任洛復言不宜奪民地，弗聽。七年，皇后崩，萬言亦絀。十四年卒，子不得嗣封。

方銳，世宗孝烈皇后父也，應天人。后初爲九嬪，銳授錦衣正千戶。嘉靖十三年，張后廢，后由妃冊爲皇后，遷銳都指揮使。扈蹕南巡，道拜左都督。旣封安平伯，尋進封侯。卒，子承裕嗣。隆慶元年用主事郭諫臣言，罷襲。

陳景行，穆宗繼后陳皇后父也。先世建昌人，高祖政以軍功世襲百戶，調通州右衞，遂家焉。景行故將門，獨嗜學，弱冠試諸生高等。穆宗居裕邸，選其女爲妃，授景行錦衣千戶。隆慶元年封固安伯。景行素恭敬，每遇遣祀、冊封諸典禮，必齋戒將事。家居，誡諸子以退讓。萬曆中卒，太后、帝及中宮、潞王、公主賻贈優厚，人皆榮之。子昌言、嘉言、善言、名言，皆官錦衣。昌言先景行卒，其子承恩引李文全例，請襲祖封。帝曰：「承恩，孫，文全，子也，不可比。」以都督同知授之。

李偉，字世奇，漷縣人，神宗生母李太后父也。兒時嬉里中，有羽士過之，驚語人曰：「此兒骨相，當位極人臣。」嘉靖中，偉夢空中五色彩輦，旌幢鼓吹導之下寢所，已而生太后。

避警，攜家入京師。居久之，太后入裕邸，生神宗。隆慶改元，立皇太子，授偉都督同知。神宗立，封武淸伯，再進武淸侯。太后能約束其家，偉嘗有過，太后召入宮切責之，不以父故骫祖宗法。以是，偉益小心畏愼，有賢聲。萬曆十一年卒，贈安國公，謚莊簡。

子文全嗣侯，卒，子銘誠嗣。天啓末，銘誠頌魏忠賢功德，建祠名鴻勛。莊烈帝定逆案，銘誠幸獲免。久之，大學士薛國觀請勒勛戚助軍餉。時銘誠已卒，子國瑞當嗣爵，其庶兄國臣與爭產，言父遺貲四十萬，願輸以佐軍興。帝初不允，至是詔借餉如國臣言，國瑞不能應。帝怒，奪國瑞爵，遂悸死，有司復繫其家人。國瑞女字嘉定伯周奎孫，奎請於莊烈后，后曰：「但迎女，秋毫無所取可也。」諸戚畹人人自危。會皇五子疾亟，李太后憑而言。帝懼，悉還李氏產，復武淸爵，而皇五子竟殤。或云中人搆乳媼，敎皇五子言之也。未幾，國觀遂以事誅。

王偉，神宗顯皇后父也。萬曆五年授都督。尋封永年伯。帝欲加恩偉子棟及其弟俊，閣臣請俱授錦衣正千戶。帝曰：「正德時，皇親夏助等俱授錦衣指揮使，世襲，今何薄也？」大學士張居正等言：「正德時例，世宗悉已釐革，請授棟錦衣衞指揮僉事，俊千戶，如前議。」

帝意未慊，居正固奏，乃止。偉卒，傳子棟及曾孫明輔，襲伯如制。

鄭承憲，〔一〇〕神宗鄭貴妃父也。貴妃有寵，鄭氏父子、宗族並驕恣，帝悉不問。承憲累官至都督同知，卒。子國泰請襲，帝命授都指揮使。給事中張希皐言：「指揮使下都督一等，不宜授任子。妃家蒙恩如是，何以優后家。」不報。

是時，廷臣疑貴妃謀奪嫡，羣以爲言。國泰不自安，上疏請立太子，其從子承恩亦言儲位不宜久虛。大學士沈一貫左右於帝，弗聽。詔奪國泰俸，而斥承恩爲民，然言者終不息。萬曆二十六年，承恩復上疏劾給事中戴士衡、知縣樊玉衡，妄造憂危竑議，離間骨肉，汚衊皇貴妃。帝怒。憂危竑議者，不知誰所作，中言侍郎呂坤搆通宮掖，將與國泰等擁戴福王。而士衡前嘗論坤與承恩相結，玉衡方抗言貴妃沮立太子，疏並留中，故承恩指兩人。帝怒，士衡、玉衡皆永戍。廷臣益忿鄭氏。久之，皇太子立。

四十三年，男子張差持梃入東宮，被擒。言者皆言國泰謀刺皇太子。主事王之寀鞫差，差指貴妃宮監。主事陸大受、給事中何士晉遂直攻國泰。帝以貴妃故，不欲竟事，詳之寀等傳。國泰官左都督，病死，子養性襲職。天啓初，光祿少卿高攀龍、御史陳必謙追論其罪，且言養性結白蓮賊將爲亂。詔勒養性出京師，隨便居住。魏忠賢用事，宥還。

王昇，熹宗生母孝和太后弟也。父鉞。天啓元年封昇新城伯。尋以皇子生，進侯。卒，子國興嗣。崇禎十七年，京師陷，被殺。

劉文炳，字淇筠，宛平人。祖應元，娶徐氏，生女，入宮，卽莊烈帝生母孝純皇太后也。應元早卒，帝卽位，封太后弟效祖新樂伯，卽文炳父也。崇禎八年卒，文炳嗣。是年，文炳大母徐年七十，賜寶鈔、白金、文綺。帝謂內侍曰：「太夫人年老，猶聰明善飯，使太后在，不知若何稱壽也。」因愴然泣下。九年進文炳爲新樂侯，其祖、父世贈爵如之。

十三年，宮中奉太后像，或曰未肖。帝不懌，遣司禮監太監王裕民同武英殿中書至文炳第，敕徐口授，繪像以進，左右咸驚曰：「肖。」帝大喜，命卜日具鹵簿，帝俯伏歸極門，迎入，安奉奉慈殿，朝夕上食如生。因追贈應元瀛國公，封徐氏瀛國太夫人，文炳晉少傅，叔繼祖，弟文燿、文照俱晉爵有差。

文炳母杜氏賢，每謂文炳等曰：「吾家無功德，直以太后故，受此大恩，當盡忠報天子。」帝遣文炳視鳳陽祖陵，密諭有大事上聞。文炳歸，奏史可法、張國維忠正有方略，宜久任，必能滅賊，後兩人果殉國難。文炳謹厚不妄交，獨與宛平太學生申湛然、布衣黃尼麓及駙馬都尉鞏永固善。時天下多故，流賊勢益張，文炳與尼麓等講明忠義，爲守禦計。及李自成據三秦，破榆林，將犯京師。文炳知勢不支，慷慨泣下，謂永固曰：「國事至此，我與公受國恩，當以死報。」

十七年正月，帝召文炳、永固等問國事。二人請早建藩封，遣永、定二王之國。帝是之，以內帑乏，不果行。

三月初一日，賊警益急，命文武勛戚分守京城。繼祖守皇城東安門，文燿守永定門，永固守崇文門。文炳以繼祖、文燿皆守城，故未有職事。十六日，賊攻西直門，勢益急。尼麓踉蹌至，謂文炳曰：「城將陷，君宜自爲計。」文炳母杜氏聞之，卽命侍婢簡笥緣於樓上，作七八繯，命家僮積薪樓下，隨遣老僕鄭平迎李氏、吳氏二女歸，曰：「吾母女同死此。」又念瀛國太夫人年篤老，不可俱燼，因與文炳計，匿之申湛然家。

十八日，帝遣內使密召文炳、永固。文炳歸白母曰：「有詔召兒，兒不能事母。」母拊文炳背曰：「太夫人既得所，我與若妻妹死耳，復何憾。」文炳偕永固謁帝，時外城已陷。帝曰：

「二卿所糾家丁，能巷戰否？」文炳以衆寡不敵對，帝愕然。永固奏曰：「臣等已積薪第中，當闔門焚死，以報皇上。」帝曰：「朕志決矣。朕不能守社稷，朕能死社稷。」兩人皆涕泣誓效死，出馳至崇文門。須臾賊大至，永固射賊，文炳助之，殺數十人，各馳歸第。

十九日，文照方侍母飯，家人急入曰：「城陷矣！」文照盌脫地，直視母。母遽起登樓，文照及二女從之，文炳妻王氏亦登樓。懸孝純皇太后像，母率衆哭拜，各縊死。文照入繯墮，拊母背連呼曰：「兒不能死矣，從母命，留侍太夫人。」遂逃去。家人共焚樓。文炳歸，火烈不得入，入後園，適湛然、尼麓至，曰：「鞏都尉已焚府第，自刎矣。」文炳曰：「諾。」將投井，忽止曰：「戎服也，不可見皇帝。」湛然脫己幘冠之，遂投井死。繼祖歸，亦投井死。繼祖妻左氏見大宅火，亟登樓自焚，妾董氏、李氏亦焚死。初，文燿見外城破，突出至渾河，聞內城破，復入，見第焚，大哭曰：「文燿未死，以君與母在。今至此，何生爲！」遂覓文炳死所，大書版井旁曰「左都督劉文燿同兄文炳畢命報國處」，亦投井死，闔門死者四十二人。

是時，惠安伯張慶臻集妻子同焚死。新城侯王國興亦焚死。〔二〕宣城伯衞時春懷鐵券，闔門赴井死。與永固射賊楊光陛者，駙馬都尉子也，被甲馳突左右射，與永固相失，矢盡，投觀象臺下井中死。而湛然以匿瀛國爲賊所拷掠，終不言，體糜爛以死。福王時，謚文炳忠壯，文燿忠果。

張國紀，祥符人，熹宗張皇后父也。天啓初，封太康伯。魏忠賢與客氏忌皇后，因謀陷國紀，使其黨劉志選、梁夢環先後劾國紀謀占宮婢韋氏，矯中宮旨鬻獄。忠賢將從中究其事，以撼后。大學士李國櫓曰：「君后，猶父母也，安有勸父構母者？」國紀始放歸故郡，忠賢猶欲擠之，莊烈帝立，乃得免。崇禎末，以輸餉進爵爲侯，旋死於賊。

周奎，蘇州人，莊烈帝周皇后父也。崇禎三年封嘉定伯，賜第於蘇州之葑門。帝嘗諭奎及田貴妃父弘遇、袁貴妃父祐，宜恪遵法度，爲諸戚臣先。祐頗謹慎，惟弘遇驕縱，奎居外戚中，碌碌而已。

李自成逼京師，帝遣內侍徐高密諭奎倡勛戚輸餉，奎堅謝無有。高憤泣曰：「后父如此，國事去矣。」奎不得已奏捐萬金，且乞皇后爲助。及自成陷京師，掠其家得金數萬計，人以是笑奎之愚云。

校勘記

〔一〕張麒　原作「張騏」，據本書卷一〇八外戚恩澤侯表、卷一一三后妃傳及仁宗實錄卷四下永樂二十二年十一月丁酉條改。卷目照改。

〔二〕六年三月充總兵官　三月，原作「二月」，據本書卷一八七馬中錫傳、明史稿傳一七七張騏傳（「騏」當作「麒」）及武宗實錄卷七三正德六年三月庚午條改。

〔三〕指揮僉事廣林　廣林，原作「林廣」，據明史稿傳一七七吳安傳及英宗實錄卷二七五天順元年二月庚子條改。

〔四〕嘉靖五年承宗卒　五年，原作「四年」，據明史稿傳一七七錢貴傳及世宗實錄卷六〇嘉靖五年正月庚戌條改。

〔五〕承宗母請以庶長子維垣嗣　承宗母，世宗實錄卷一〇五嘉靖八年九月壬子條作「承宗妻」。

〔六〕通州田六十二頃　憲宗實錄卷五三成化四年四月庚寅條、國榷卷三五頁二二四八都作「涿州六十三頃」。

〔七〕弘治六年追封阜國公　弘治六年，原作「弘治五年」，據本書卷一〇八外戚恩澤侯表及孝宗實錄卷七四弘治六年四月癸丑條改。

〔八〕弘治六年進侯　按孝宗實錄卷七〇王源在弘治五年十二月己亥已爲瑞安侯。

〔九〕弘治四年封壽寧伯　弘治四年，孝宗實錄卷六六弘治五年八月己酉條作「弘治三年」。

〔一〇〕鄭承憲　原作「鄭成憲」，據本書卷二一七沈鯉傳、又卷二三三陳登雲傳及神宗實錄卷二一〇萬曆十七年四月戊子條改。

〔一一〕王國興亦焚死　王國興，原作「王國典」，據本卷王昇傳及卷一〇八外戚恩澤侯表改。

明史卷三百一

列傳第一百八十九

列女一

婦人之行，不出於閨門，故詩載關雎、葛覃、桃夭、芣苢，皆處常履順，貞靜和平，而內行之修，王化之行，具可考見。其變者，行露、柏舟，一二見而已。劉向傳列女，取行事可爲鑒戒，不存一操。范氏宗之，亦采才行高秀者，非獨貴節烈也。魏、隋而降，史家乃多取患難顚沛，殺身殉義之事。蓋輓近之情，忽庸行而尚奇激，國制所襃，志乘所錄，與夫里巷所稱道，流俗所震駭，胥以至奇至苦爲難能。而文人墨客往往借俶儻非常之行，以發其偉麗激越跌宕可喜之思，故其傳尤遠，而其事尤著。然至性所存，倫常所係，正氣之不至於淪澌，而斯人之所以異於禽獸，載筆者宜莫之敢忽也。

明興，著爲規條，巡方督學歲上其事。大者賜祠祀，次亦樹坊表，烏頭綽楔，照耀井閭，乃至僻壤下戶之女，亦能以貞白自砥。其著於實錄及郡邑志者，不下萬餘人，雖間有以文藝顯，要之節烈爲多。嗚呼！何其盛也。豈非聲教所被，廉恥之分明，故名節重而蹈義勇歟。

今掇其尤者，或以年次，或以類從，具著於篇，視前史殆將倍之。然而姓名湮滅者，尙不可勝計，存其什一，亦足以示勸云。

月娥　劉孝婦 甄氏　諸娥　丁氏 石氏　楊氏 張氏等

貞女韓氏 黃善聰　姚孝女 蔡孝女　招遠孝女　盧佳娘 施氏

吳氏 畢氏　石孝女　湯慧信　義婢妙聰　徐孝女　高氏

孫義婦　梁氏　馬氏　義姑萬氏 陳氏　郭氏 幼溪女　程氏

王妙鳳 唐貴梅　張氏　楊泰奴 張氏　陳氏 秀水張氏　歐陽金貞

莊氏 唐氏　王氏 易氏　鍾氏四節婦　宣氏 孫氏　徐氏

義妾張氏　龔烈婦 江氏　范氏二女 丁美音　成氏 興安二女子

章銀兒 茅氏　招囊猛　淩氏 杜氏　義婦楊氏　史氏 林端娘

汪烈婦　竇妙善　石門丐婦　賈氏　胡氏　陳宗球妻史氏

葉氏　胡貴貞　孫氏　江氏　嚴氏

月娥，西域人，元武昌尹職馬祿丁女也。少聰慧，聽諸兄誦說經史，輒通大義。長適蕪湖葛通甫，事上撫下，一秉禮法。長姒盧率諸婦女，悉受其教。

太祖渡江之六年，僞漢兵自上游而下，盧曰：「太平有城郭，且嚴兵守，可恃。」使月娥挾諸婦女往避之。未幾，寇至，城陷，月娥歎曰：「吾生詩禮家，可失節於賊邪！」抱幼女赴水死。諸婦女相從投水者九人，方盛暑，屍七日不浮，顏色如生。鄉人爲巨穴合葬之故居之南，題曰十女墓。娥弟丁鶴年，幼通經史，皆娥口授也。後通甫與盧皆死於寇。

劉孝婦，新樂韓太初妻。太初，元時爲知印。洪武初，例徙和州，挈家行。劉事姑謹，姑道病，刺血和藥以進。抵和州，夫卒，劉種蔬給姑食。越二年，姑患風疾不能起，晝夜奉湯藥，驅蚊蠅不離側。姑體腐，蛆生席間，爲齧蛆，蛆不復生。及姑疾篤，刲肉食之，少甦，踰月而卒，殯之舍側。欲還葬舅塚，力不能舉喪，哀號五載。太祖聞之，遣中使賜衣一襲、鈔二十錠，命有司還其喪，旌門閭，復傜役。

同時甄氏，欒城李大妻，事姑孝。姑壽九十一卒，甄廬墓三年，旦暮悲號，亦被旌。

孝女諸娥，山陰人。父士吉，洪武初爲糧長。有黠而逋賦者，誣士吉於官，論死，二子炳、煥亦罹罪。娥方八歲，晝夜號哭，與舅陶山長走京師訴冤。時有令，冤者非臥釘板，勿與勘問。娥輾轉其上，幾斃，事乃聞，勘之，僅戍一兄而止。娥重傷卒，里人哀之，肖像配曹娥廟。

唐方妻，浙新昌丁氏女，名錦孥。洪武中，方爲山東僉事，坐法死，妻子當沒爲官婢。有司按籍取之，監護者見丁色美，借梳掠髮，丁以梳擲地，其人取掠之，持還丁。丁罵不受，謂家人曰：「此輩無禮，必辱我，非死無以全節。」肩輿過陰澤，崖峭水深，躍出赴水，衣厚不能沈，從容以手斂裙，隨流而沒，年二十八，時稱其處爲夫人潭。

鄭煁妻石氏。煁，浦江鄭泳孫也。洪武初，李文忠薦諸朝，屢遷藏庫提點，坐法死。石當遣配，泣曰：「我義門婦也，可辱身以辱門乎！」不食死。

楊氏，慈谿人，字同邑鄭子琜。洪武中，子琜父仲徽戍雲南。明制，子成丁者隨遣，子琜亦在戍中。楊年甫十六，聞子琜母老弟幼，請於父母，適鄭養姑，以待子琜之返。子琜竟卒戍所，楊與姑撫諸叔成立，以夫從子孔武爲嗣，苦節五十餘年。

其後，鄭煥妻張氏，嫁未旬日；泰然妻嚴氏生子一蘭，方孩抱；栻妻王氏事夫瘤病，狂不省人事，服勤八年弗怠；三人皆楊氏夫族，先後早寡，皆以節聞。萬曆中，知府鄒希賢題曰鄭氏節門，以比浦江鄭氏義門云。

貞女韓氏，保寧人。元末明玉珍據蜀，貞女慮見掠，僞爲男子服，混迹民間。既而被驅入伍，轉戰七年，人莫知其處女也。後從玉珍破雲南還，遇其叔父贖歸成都，始改裝而行，同時從軍者莫不驚異。洪武四年嫁爲尹氏婦。成都人以韓貞女稱。

其後有黃善聰者，南京人。年十三失母，父販香廬、鳳間，令善聰爲男子裝從遊數年。父死，善聰習其業，變姓名曰張勝。有李英者，亦販香，與爲伴侶者踰年，不知其爲女也。後偕返南京省其姊。姊初不之識，詰知其故，怒詈曰：「男女亂羣，辱我甚矣。」拒不納。善聰以死自誓。乃呼鄰嫗察之，果處子也。相持痛哭，立爲改裝。明日，英來，知爲女，怏怏如失，歸告母求婚。善聰不從，曰：「若歸英，如瓜李何？」鄰里交勸，執益堅。有司聞之，助以聘，判爲夫婦。

姚孝女，餘姚人，適吳氏。母出汲，虎銜之去，女追掣虎尾，虎欲前，女掣益力，尾遂脫，虎負痛躍去。負母還，藥之獲愈，奉其母二十年。

後成化間，武康有蔡孝女，隨母入山採藥。虎攫其母，女折樹枝格鬭三百餘步。虎舍其母，傷女，血歕丈許，竹葉爲赤，女亦獲全。

後招遠有孝女，不知其姓。父採石南山，爲蟒所吞。女哭之，願見父屍同死。俄頃大雷電擊蟒墮女前，腹裂見父屍。女負土掩埋，觸石而死。

盧佳娘，福清李廣妻。婚甫十月，廣暴卒，盧慟絕復甦，見廣口鼻出惡血，悉餂食之。既殮，哭輒僵仆，積五六日，家人防懈，潛入寢室自經。後其縣有游政妻倪氏殉夫，亦然。

又有施氏，滁州彭禾妻。正德元年，禾得疾不起，握手訣曰：「疾憊甚，知必死。汝無子，擇壻而嫁，毋守死，徒自苦也。」施泣曰：「君尚不知妾乎！願先君死。」禾固止之，因取禾所嘔血盡吞之，以見志。及禾歿，卽自經。

吳氏，潞州廩生盧清妻。舅姑歿於臨洺，寄瘞旅次。清授徒自給，後失廩，充掾於汴，憤恥發狂死。吳聞訃，痛絕，哭曰：「吾舅姑委骨於北，良人死，忍令終不返乎！」乃寄幼孤於姊兄，鬻次女爲資，獨抵臨洺，覓舅姑瘞處不得，號泣中野。忽一丈夫至，則清所授徒也，爲指示，收二骸以歸。復冒暑之汴，負夫骨還。三喪畢舉，忍餓無他志。學正劉崧言於知州馬暾，贖其女，厚恤之。年七十五乃卒。

後有畢氏，河間鄚節妻。年饑，攜家景州就食，舅姑相繼亡，節亦尋歿，俱藁葬景州。氏年三十三，無子女，獨歸里中，忍饑凍，晝夜紡織，積數年，市地城北八里莊，獨之景州，負舅姑及夫骨還葬。

石孝女，新昌人。襁褓時，父潛坐事籍沒，繫京獄。母吳以漏籍獲免，依兄弟爲生。一日，父脫歸，匿吳家。吳兄弟懼連坐，殺置大窖中，母不敢言。及女長，問母曰：「我無父族何也？」母告之故，女大悲憤。

永樂初，年十六，舅氏主婚配族子。女白母曰：「殺我父者，吳也。奈何爲父讎婦？」母曰：「事非我主，奈何？」女頷而不答。嫁之日，方禮賓，女自經室中。母仰天哭曰：「吾女之死，不欲爲讎人婦也。」號慟數日亦死。有司聞之，治殺潛者罪。

湯慧信，上海人。通孝經、列女傳，嫁華亭鄧林。林卒，婦年二十五，一女七歲。鄧族利其居，迫使歸家，婦曰：「我鄧家婦，何歸乎？」族知不可奪，貿其居於巨室。婦泣曰：「我收夫骨於茲土，與同存亡，奈何棄之。」欲自盡，巨室義而去之。婦尋自計曰：「族利我財耳。」乃出家資，盡畀族人，躬績紝以給。

歲大水，居荒野沮洳中。其女適人者，操舟來迎，不許。請暫憩舟中，亦不許，曰：「我守此六十年，因亘浸以從汝父，所甘心焉，復何往！」母女方相牽未捨，水至，湯竟溺死。

義婢妙聰，保安右衞指揮張孟喆家婢也。永樂中，調兵操宣府，孟喆在行。北寇入掠，妻李謂夫妹曰：「我命婦，與若皆宦門女，義不可辱。」相挈投井中，妙聰亦隨入，見二人俱未死，以李有娠，恐水冷有所害，遂負之於背。賊退，孟喆弟仲喆求三人井中，以索引嫂妹出，而婢則死矣。

徐孝女，嘉善徐遠女也。年六歲，母患臁瘡。女問母何以得愈，母謾曰：「兒吮之廼愈。」女遂請吮，母難之。女悲啼不已，母不得已聽之，吮數日，果愈。

高氏女，武邑人，適諸生陳和。和早卒，高獨持門戶，奉翁姑甚孝。及宣德時，翁姑並歿，氏以禮殯葬，時年五十矣。泣謂子剛曰：「我父，洪武間舉家客河南虞城。父死，旅葬城北，母以棗木小車輞識之。比還家，母亦死，弟懦不能自振。吾三十年不敢言者，以汝王母在堂，當朝夕侍養也。今大事已畢，欲舁吾父遺骸歸合葬。」剛唯唯，隨母至虞城，抵葬所，塚纍纍不能辨。氏以髮繫馬鞍逆行，自朝及夕，至一小塚，鞍重不能前，卽開其塚，所識車輞宛然。遠近觀者咸驚異，助之歸，啓母窆同葬。

孫義婦，慈谿人。歸定海黃誼昭，生子湑。未幾夫卒，孫育之成立，求兄女爲配。甫三年，生二子，湑亦卒。

時田賦皆令民自輸，孫姑婦相率攜幼子輸賦南京，訴尚書蹇義，言：「縣苦潮患，十年九荒，乞築海塘障之。」義見其孤苦，詰曰：「何爲不嫁？」對曰：「餓死事極小，失節事極大。」義嗟歎久之，次日卽爲奏請，遣官偕有司相度成之，起自龍山，迄於觀海，永免潮患。慈谿人廟祀之塘上。

梁氏，大城尹之路妻。嫁歲餘，夫乏食出遊山海關，賣熟食爲生。又娶馬氏，生子二，十餘年不通問。氏事翁姑，艱苦無怨言。夫客死，氏徒步行乞，迎夫喪，往返二千里，迄扶柩攜後妻二子以歸，里人歎異。

余佈妻馬氏，吳縣人。歸五年，夫死無子，家酷貧。姑欲奪其志，有田二畝半，得粟不以與婦，馬不爲動。姑潛納他人聘，一夕鼓吹臨門，趣治妝，馬入臥室自經死，几上食器，糠籺尙存。

義姑萬氏，名義顚，字祖心，鄞人，寧波衞指揮僉事鍾女也。幼貞靜，善讀書。兩兄文、武，皆襲世職，戰死，旁無期功之親。繼母曹氏，兩嫂陳氏、吳氏，皆盛年孀居。吳遺腹僅六月，姑旦暮拜天哭告曰：「萬氏絕矣，願天賜一男，續忠臣後。我矢不嫁，共撫之。」已果生男，名之曰全。姑喜曰：「萬氏有後矣。」乃與諸嫠共守，名閥來聘，皆謝絕之，訓全讀書，迄底成立。全嗣職，傳子禧、孫椿，皆奉姑訓惟謹。姑年七十餘卒。姑之祖斌及父兄並死王事，母及二嫂守貞數十年，姑更以義著。鄉人重之，稱爲四忠三節一義之門。

後有陳義姑者，沙縣陳穗女。年十八，父母相繼卒，遺二男，長七歲，次五歲。親族利其有，日眈眈於旁。姑矢志撫弟，居常置帚數十。族兄弟暮夜叩門，姑燃帚照之，亟啓戶具酒食款。叩者告曰：「吾輩夜行滅火，就求燭耳。」自此窺伺者絕意。及二弟畢婚，年四十五乃嫁，終無子。二弟迎歸，母事之。

郭氏，大田人。鄧茂七之亂，鄉人結寨東巖。寨破，郭襁幼兒走，且有身，爲賊所驅。郭奮罵，投百尺巖下，與兒俱碎亂石間，胎及腸胃迸出，狼籍巖下。賊據高瞰之，皆歎曰：「眞烈婦也！」瘞之去。

同時有幼溪女，失其姓名。茂七破沙縣，匿草間，爲二賊所獲。遇溪橋，貞女曰：「扶我過，當從一人而終。」二賊爭趨挽，至橋半，女視溪流湍急，拽二賊投水中，俱溺死。

程氏，揚州胡尙絅妻。尙絅嬰危疾，婦刲腕肉啖之，不能咽而卒。婦號慟不食二日。懷孕四月矣，或曰：「得男可延夫嗣，徒死何爲？」答曰：「吾亦知之，倘生女，徒苟活數月耳。」因復食，彌月果生男。

明年殤，卽前語翁姑曰：「媳不能常侍奉，有娣姒在，無悲也。」復絕食，越二日其姑撫之曰：「爾父母家二百里內，若不俟面訣乎？」婦曰：「可急迎之。」日飲米瀋一匙以待。逾十有二日，父母遣幼弟至，婦曰：「是可白吾志。」自是滴水不入口，徐簡匳中簪珥，令辦後事，以其餘散家人幷鄰嫗嘗通問者，復自卜曰：「十八、九日皆良，吾當逝。向嘗刲肉救夫，夫不可救，以灰和之置牀頭，附吾左腕，以示全歸。」遂卒。

王妙鳳，吳縣人。適吳奎。姑有淫行。正統中，奎商於外。姑與所私飲，幷欲污之，命妙鳳取酒，挈瓶不進。頻促之，不得已而入。姑所私戲掣其臂。妙鳳憤，拔刀斫臂不殊，再斫乃絕。父母欲訟之官，妙鳳曰：「死則死耳，豈有婦訟姑理邪？」踰旬卒。

唐貴梅者，貴池人。適同里朱姓。姑與富商私，見貴梅悅之，以金帛賄其姑，誨婦淫者百端勿聽，加箠楚勿聽，繼以炮烙，終不聽。乃以不孝訟於官。通判某受商賂，拷之幾死者數矣。商冀其改節，復令姑保出之。親黨勸婦首實，婦曰：「若爾，妾之名幸全，如播姑之惡何？」夜易服，自經後園梅樹下。及旦姑起，且將撻之。至園中乃知其死，尸懸樹三日，顏如生。

其後，嘉靖二十三年，有嘉定張氏者，嫁汪客之子。其姑多與人私，諸惡少中有胡巖者，最桀黠，羣黨皆聽其指使。於是與姑謀，遣其子入縣爲卒，而巖等日夕縱飲。一日，呼婦共坐，不應。巖從後攫其梳，婦折梳擲地。頃之，巖徑入犯婦。婦大呼殺人，以杵擊巖。巖怒走出，婦自投於地，哭終夜不絕，氣息僅屬。詰旦，巖與姑恐事洩，縶諸牀足守之。明日召諸惡少酣飲。二鼓共縛婦，椎斧交下。婦痛苦宛轉曰：「何不以利刃刺我。」一人乃前刺其頸，一人刺其脅，又椓其陰。舉尸欲焚之，尸重不可舉，乃火其室。鄰里救火者踢門入，見嚇然死人，驚聞於官。官逮小女奴及諸惡少鞫之，具得其實，皆以次受刑。婦死時年十九。邑故有烈婦祠，婦死前三日，祠旁人聞空中鼓樂聲，火炎炎從祠柱中出，人以爲貞婦死事之徵云。

楊泰奴，仁和楊得安女。許嫁未行。天順四年，母疫病不愈。泰奴三割胸肉食母，不效。一日薄暮，剖胸取肝一片，昏仆良久。及甦，以衣裹創，手和粥以進，母遂愈。母宿有膝攣疾，亦愈。

後有張氏，儀眞周祥妻。姑病，醫百方不效。一方士至其門曰：「人肝可療。」張割左脅下，得膜如絮，以手探之沒腕，取肝二寸許，無少痛，作羹以進姑，病遂瘳。

陳氏，祥符人。字楊瑄，未嫁而瑄卒。女請死，父母不許，欲往哭，又不許。私剪髮，屬媒氏置瑄懷。汴俗聘女，以金書生年月日畀男家，號定婚帖。瑄母乃以帖裹其髮，置瑄懷以葬。女遂素服以居。亡何，父母謀改聘，女縊死。後五十三年，至正德中，瑄姪永康改葬瑄，求陳骨合焉。二骨朽矣，髮及定婚帖鮮完如故。葬三年，岐穀、丫瓜產墓上。

張氏，秀水人。年十四，受同邑諸生劉伯春聘。伯春負才名，必欲舉於鄉而後娶。未幾卒，女號泣絕髮，自爲詩祭之。持服三年，不踰閫，不茹葷。服闋，卽絕飲食，父母强諭之，終不食，旬日而卒。年二十，舅姑迎柩合葬焉。

又有江夏歐陽金貞者，父梧，授孝經、列女傳。稍長，字羅欽仰，從梧之官柘城。梧艱歸，舟次儀眞，欽仰墜水死。金貞年甫十四，驚哭欲赴水從之，父母持不許。又欲自縊，父母曰：「汝未嫁，何得爾？」對曰：「女自分無活理，卽如父母言，願終身稱未亡人。」大聲哀號不止。及殮，剪髮繫夫右臂以殉。抵家，告父母曰：「有婦，以事姑也。姑既失子，可幷令無婦乎？願歸羅，以畢所事。」父母從之。後父知廣元縣，姑病卒，女乃歸寧。有諷他適者，曰：「事姑畢矣，更何待？」女曰：「我昔殮羅郎時，有一束髮纏其手，誰能掘塚開棺，取髮還我，則易志矣。」遂止。生平獨臥一樓，年六十餘卒。

莊氏，海康吳金童妻。成化初，廣西流寇掠鄉邑，莊隨夫避新會，傭劉銘家。銘見莊美，欲犯之，屢誘不從。乃令黨梁狗同金童入海捕魚，沒水死。越三日不還，莊求之海濱，屍浮岸側，手足被縛，腫腐莫可辨。莊以衣識之，歸攜女赴水，抱夫屍而沒。翼日，三屍隨流遶銘門，去而復還。土人感異殯祭之，然莫知銘殺也，後梁狗漏言，有司並捕考，處以極刑。

唐氏，汝陽陳旺妻，隨其夫以歌舞逐食四方。正德三年秋，旺攜妻及女環兒、姪成兒至江夏九峰山。有史聰者，亦以傀儡爲業。見婦、女皆豔麗，而旺且老，因紿旺至青山，夜殺之。明日，聰獨返，攜其婦、女、幼姪入武昌山吳王祠，持利刃脅唐。唐曰：「汝殺吾夫，吾不能殺汝以復讐，忍從汝亂邪？」遂遇害。賊裹以薦，置荆棘中。明日，徙蓑衣園，賊又迫環兒，臨以刃。環兒哭且詈，聲振林木，賊亦殺之，瘞糞壤中而去。其年冬至，賊被酒，成兒潛出告官，擒於葛店市，伏誅。

王氏，慈谿人。聘於陳，而夫佳病，其父母娶婦以慰之。及門，卽入侍湯藥。未幾，佳卒，王年甫十七，矢志不嫁。姑張氏曰：「未成禮而守，無名。」女曰：「入陳氏門，經事君子，何謂無名？」姑乃使其二女從容諷之。婦不答，截髮毀容。姑終欲强之，窘辱萬狀。二小姑陵之若婢，稍不順卽爪其面，姑聞復加箠楚。女口不出怨言，曰：「不逼嫁，爲婢亦甘也。」夜寢處小姑牀下，受濕得傴疾，私自幸曰：「我知免矣。」鞠從子梅爲嗣，敎之。成化初領鄉薦，卒昌其家。

後有易氏，分宜人，嫁安福王世昌。時世昌已遘疾，奄奄十餘月，易事之，衣不解帶。世昌死，除喪猶縞素。姑憐之，謂：「汝猶處子，可終累乎？」跪泣曰：「是何言哉？父母許我王氏，卽終身王氏婦矣。」自是獨處一樓，不窺外戶四十餘年。方世昌疾，所吐痰血，輒手一布囊盛之。卒後，用所盛囊爲枕，枕之終身。

鍾氏，桐城陶鏞妻。鏞以罪被戍，卒於外。鍾年二十五，子繼甫在抱，負鏞骨四千餘里歸葬。乃斷髮杜門，年八十二以節終。

繼亦早卒，妻方氏年二十七，子亮甫二歲。其兄憐之，微叩其意，方以死誓。景泰中，亮舉鄉試，業於太學，卒。妻王氏年二十八，妾吳氏二十二，皆無子，扶櫬歸葬。貧不能支，所親勸之嫁，兩人哭曰：「而不知我之爲節婦婦乎！」乃共以紡績自給。越二十六年，縣令陳勉以聞，詔旌三代。人稱之曰四節里。

宣氏，嘉定張樹田妻。夫素狂悖，與宣不睦。夫病，宣晨夕奉事。及死，誓身殉。時樹田友人沈思道亦死，其婦孫與宣以死相要，各分尺帛。孫自經，或勸宣曰：「彼與夫相得，故以死報，汝何爲效之？」宣歎曰：「予知盡婦道而已，安論夫之賢不賢。」卒縊死。

徐氏，慈谿人，定海金傑妻也。成化中，傑兄以罪逮入京，傑往請代。瀕行，徐已有身，傑謂曰：「予去，生死不可知，若生男善撫之，金氏鬼庶得食也。」已而悔曰：「我幾悞汝，吾去無還理，卽死，善事後人。」徐泣曰：「君以義往，上必義君，君兄弟當同歸，無過苦也。卽如君言，妾有死耳，敢忘付託乎？」已果生男，無何兄得還，傑竟瘐死。徐撫孤慟曰：「我本欲從汝父地下，奈金氏何？」强營葬事。服闋，父母勸他適，截髮斷指自誓，食澹茹苦六十餘年，視子孫再世成立，乃卒。

義妾張氏，南京人。松江楊玉山商南京，娶爲妾。逾月以婦妬，遣之歸。張屏居自守，楊亦數往來，所贈千計。後二十餘年，楊坐役累，罄其產，怏怏失明。張聞之，直造楊廬，拜主母，捧楊袂大慟。乃悉出向所贈金珠，具裝，嫁其二女，幷爲二子娶婦，留侍湯藥。踰年楊死，守其柩不去。既免喪，父母强之歸，不從，矢志以歿，終身不見一人。

龔烈婦，江陰人。年十七嫁劉玉，家貧，力作養姑。姑亡，相夫營葬。夫又亡，無以爲斂。里有羨婦色者，欲助以棺。龔覺其意，辭之。既又强之，龔恐無以自脫，乃以所生六歲男、三歲女寄食母家。是夜，積麥藁屋中，舉火自焚，抱夫屍死。

又江氏，蒙城王可道妻。夫貧，負販餬口，死不能斂。比鄰諸生李雲蟾合錢斂之，卜日以葬。及期，率衆至其家，闃然無聲，廚下燈微明，趨視之飲食畢具，蓋以待舁棺者，婦已縊死竈旁矣。衆驚歎，復合錢并葬之。

會稽范氏二女，幼好讀書，並通列女傳。長適江，一月寡。次將歸傅，而夫亡。二女同守節，築高垣，圍田十畝，穿井其中，爲屋三楹以居。當種穫，父啓圭竇率傭以入，餘日則塞其竇，共汲井灌田。如是者三十年。自爲塋於屋後，成化中卒，竟合葬焉。族人即其田立祠以祀。

又有丁美音，溆浦丁正明女。幼受夏學程聘，年十八將嫁，學程死，美音誓不再嫁。父母曰：「未嫁守節，非禮也。何自苦如此？」美音齧指滴血，籲天自矢。當道交旌之，賚以銀幣約百金，乃搆室獨居，鬻田自贍，事舅姑，養父母。鄉人名其田爲貞女田。

成氏，無錫人，定陶教諭繪女，登封訓導尤輔妻也。輔游學靖江，成從焉。江水夜溢，家人倉卒升屋，成整衣欲上，問：「爾等衣邪？」衆謝不暇。成曰：「安有男女裸，而尚可俱生邪？我獨留死耳。」衆號哭請，不應。厥明，水退，坐死榻上。

後崇禎中，興安大水，漂沒廬舍。有結筏自救者，鄰里多附之。二女子附一朽木，倏沈倏浮，引筏救之，年皆十六七，問其姓氏不答。二女見筏上男子有裸者，歎曰：「吾姊妹倚木不死，冀有善地可存也，今若此，何用生爲！」攜手躍入波中死。

章銀兒，蘭谿人。幼喪父，獨與母居。邑多火災，室盡燬，結茅以棲母。母方疾，鄰居又火，銀兒出視，衆呼令疾避。銀兒曰：「母疾不能動，何可獨避。」亟返入廬，欲扶母出，烈焰忽覆其廬，衆莫能救。火光中，遙見銀兒抱其母，宛轉同焚死，時弘治元年三月也。

義妹茅氏，慈谿人。年十四，父母亡，獨與兄嫂居。其兄病瘻臥。值倭入縣，嫂出奔，呼與偕行。女曰：「我室女，將安之！且俱去，誰扶吾兄者！」賊至，縱火，女力扶其兄避於空室，竟被燔灼並死。

招囊猛，雲南孟璉長官司土官舍人刁派羅妻也。年二十五，夫死，守節二十八年。弘治六年九月，雲南都指揮使奏其事。帝曰：「朕以天下爲家，方思勵名敎以變夷俗。其有趨於禮義者，烏可不亟加奬勵。招囊猛貞節可嘉，其卽令有司顯其門閭，使遠夷益知向化，無俟覈報。」

張維妻淩氏，慈谿人。弘治中，維舉於鄉，卒。婦年二十五，子四歲亦卒。其兄諷之改圖，婦痛哭齧脣，噀血灑地，終身不歸寧。舅姑慰之曰：「不幸絕嗣，日計無賴，吾二人景逼矣，爾年尚遠，何以爲活？」婦曰：「恥辱事重，餓死甘之。」乃出簪珥爲舅納妾，果得子，喜曰：「張氏不絕，亡夫墓門且有寒食矣。」後舅病瘋，姑雙目瞽，婦紡績供養，二十年不衰。

後有杜氏，貴池曹桂妻。年二十四，夫亡，遺腹生女，悲苦無計。日諷姑爲舅納妾，果生一子。產後，妾死，杜以己女託於族母，而自乳其叔。逾年翁喪，勸者曰：「汝辛苦撫孤，寧能以叔後汝乎？」杜曰：「叔後吾翁，異日生二子，卽以一子後我夫，吾志畢矣。」後卒如其言。

義婦楊氏，王世昌妻，臨漳人。弘治中，世昌兄坐事論死。世昌念兄爲嫡子，請代其刑。時楊未笄，謀於父母宗族曰：「彼代兄死爲義士，我顧不能爲義婦耶？願訴於上代夫死。」遂入京陳情，敕法司議，夫妻並得釋。

史氏，杞縣人。字孔弘業，未嫁而夫卒。欲往殉之，母不許。女七日不食，母持茗逼之飲，雙蛾適墮杯中死，女指示曰：「物意尙孚我心，母獨不諒人耶！」母知不可奪，翌日製素衣縞裳，送之孔氏。及暮，辭舅姑，整衣自經死。白氣縷縷騰屋上，達旦始消。

又有林端娘者，甌寧人，字陳廷策。聞廷策訃，寄聲曰：「勿殮，吾將就死。」父曰：「而雖許字，未納幣也。」對曰：「旣許矣，何幣之問？」父謹防之。曰：「女奚所不可死，顧死夫家趧耳。」父曰：「壻家貧，無以周身。」曰：「身非所卹。」又曰：「壻家貧，孰爲標名？」曰：「名非所求。」遂往哭奠畢，自剋死期，理帛自經，三拱而絕。陳故家青陽山下，山下人言婦將盡時，山鳴三晝夜。

汪烈婦，晉江諸生楊希閔妻也。年二十三，夫死，無子，欲自經。家人防之謹，不得間。氏聞茉莉有毒能殺人，多方求之，家人不知也，日供數百朶。踰月，家人爲亡者齋祭，婦自撰祭文，辭甚悲。夜五鼓，防者稍懈，取所積花煎飲之，天明死。

賨妙善，京師崇文坊人。年十五，爲工部主事餘姚姜榮妾。正德中，榮以瑞州通判攝府事。華林賊起，寇瑞，榮出走。賊入城，執其妻及婢數人，問榮所在。時妙善居別室，急取府印，開後牕投荷池。衣鮮衣前曰：「太守統援兵數千，出東門捕爾等，旦夕授首，安得執吾婢？」賊意其夫人也，解前所執數人，獨與妙善出城。

適所驅隸中，有盛豹者父子被掠，其子叩頭乞縱父，賊許之。妙善曰：「是有力，當以舁我，何得遽縱。」賊從之。行數里，妙善覘前後無賊，低語豹曰：「我所以留汝者，以太守不知印處，欲藉汝告之。今當令汝歸，幸語太守，自此前行遇井，卽畢命矣。」呼賊曰：「是人不善舁，可仍縱之，易善舁者。」賊又從之。行至花塢遇井，妙善曰：「吾渴不可忍，可汲水置井傍，吾將飲。」賊如其言，妙善至井傍，跳身以入，賊驚救不得而去。豹入城告榮取印，引至花塢，覓井，果得妙善屍。越七年，郡縣上其事，詔建特祠，賜額貞烈。

石門丐婦，湖州人，莫詳其姓氏。正德中，湖大飢，婦隨其夫及姑走崇德石門市乞食。三人偶相失。婦有色，市人爭挑之。與之食不顧，誘之財亦不顧。寓東高橋上，不復乞食者二日。伺夫與姑皆不至，聚觀者益衆，婦乃從橋上躍入水中死。

賈氏，慶雲諸生陳俞妻。正德六年，兵變，値舅病卒，家人挽之避，痛哭曰：「舅尙未斂，婦何惜一死。」身服斬衰不解。兵至，縱火迫之出，罵不絕口，刃及身無完膚，與舅屍同燼。年二十五。

鄞縣諸生李珂妻胡氏，年十八歸珂。閱七年，珂死，遺男女各一，胡誓不踰閾。鄰火作，珂兄珮往救之，曰：「阿姆來，吾乃出。」珮使妻陳往，婦以七歲男自牖付之，屬曰：「幸念吾夫，善視之。」陳曰：「嬸將何如？」紿之曰：「取少首飾卽出。」陳去，胡卽纍衣箱塞戶，抱三歲女端坐火中死。

陳宗球妻史氏，南安人。夫死將殉有期矣，尙爲姑釀酒。姑曰：「婦已決死，生存豈多日，何辛苦爲？」曰：「政爲日短，故釀而奉姑。」將死，告舅曰：「婦有喪，幸毋鬆棺。」遂縊。

葉氏，定海人。許聘慈谿翁姓，而父母俱歿，遂育於翁。年十四，翁貲產日落，且失其姑，舅待之如奴，勞勩萬狀，略無怨色。舅以子幼，欲鬻之羅姓者，葉恚曰：「我非貨也，何輾轉貿易爲？」日哽咽垂涕。旣知不可免，僞爲喜色，舅遂寬之。夜月上，紿諸姒曰：「月色甚佳，盍少猶夷乎？」趨門外良久。諸姒並勸曰：「夜旣半矣，盍就寢。」遂入，及晨覔之，則氏已浮屍於河矣，起之色如生。

胡貴貞，樂平人。生時，父母欲不舉，其鄰曾媼救之歸，與子天福同乳，欲俟其長而配焉。天福年十八，父母繼亡，家甚落。貴貞父將奪以姻富家，女曰：「我鞠於曾，婦於曾，分姑媳，恩母子，可以飢寒棄之邪？」乃依從姑以居，華舍單淺，外人未嘗識其面。其兄乘天福未婚，曳以歸，出視求聘者金寶笄飾。女知不免，潛入房縊死。

孫氏，吳縣衞廷珪妻。隨夫商販，寓潯陽小江口。寧王陷九江，廷珪適他往，所親急邀孫共逃。孫謂兩女金蓮、玉蓮曰：「我輩異鄉人，汝父不在，逃將安之？今賊已劫鄰家矣，奈何？」女曰：「生死不相離，要當爲父全此身耳。」於是母子共一長繩自束，赴河死。

江氏，餘干夏璞妻。正德間，賊至，抱方晬弟走，不得脫。賊將縛之，曰：「誠願與將軍俱，顧吾父年老，惟一弟，幸得全之。」賊以爲信，縱令置所抱兒，出遂大聲罵賊，投橋下死。

後隆慶中，有高明嚴氏，賊掠其境，隨兄出避，遇賊，刃及其兄。女跪泣曰：「父早喪，孀母堅守，恃此一兄，殺之則祀殄矣，請以身代。」賊憫然爲納刃。旣而欲汚之，則曰：「請釋吾兄，卽配汝。」及兄去，執不從，竟剖腹而死。

明史卷三百二

列傳第一百九十

列女二

陳節婦馬氏　謝烈婦　張氏王氏　戚家婦　金氏楊氏　王氏
李孝婦洪氏　倪氏　劉氏

歐陽氏，九江人，彭澤王佳傅妻也。事姑至孝。夫亡，氏年方十八，撫遺腹子，紡績爲生。父母迫之嫁，乃鍼刺其額，爲誓死守節字，墨涅之，深入膚裏，里人稱爲黑頭節婦。

又徐氏，烏程人。年十六，嫁潘順。未期而夫病篤，顧徐曰：「母老，汝年少，奈何？」徐泣下，卽引刀斷左小指，以死誓。夫死，布衣長齋。年七十八卒。遺命取斷指入棺中。家人出其指，所染爪紅色尙存。

馮氏，宣城劉慶妻。年十九，夫亡，誓守節。其娣姒諷之曰：「守未易言，非齕斷鐵釘者不能。」馮卽投袂起，拔壁上釘齧之，劃然有齒痕。復抉臂肉，釘著壁上曰：「脫有異志，此卽狗彘肉不若。」已而遺腹生子，曰大賢。長娶李氏，大賢又夭，姑婦相守至老。卒，取視壁釘肉，尙韌不腐，齒痕如新。

方氏，金華軍士袁堅妻。堅嗜酒敗家，卒殯城北濠上。方貧無所依，乃卽殯處置棺，寢處其中，饑則出飲於濠。久之不復出，則死矣。郡守劉蒞爲封土祭之。

又葉氏，蘭谿人。適神武中衞舍人許伸。伸家素饒於財，以不檢，蕩且盡，攜妻投所親，卒於通州。氏守屍，晝夜跪哭。或遺之食，或餽金，或勸以改嫁，俱却不應。水漿不入口者十四日，竟死尸傍，年二十餘。州人爲買棺合葬。

潘氏，海寧人。年十六，歸許釗，生子淮。甫期年，釗卒，既殯，潘自經。死已兩日矣，有老嫗過之曰：「是可活也。」投之藥，更甦。釗族兄欲不利於孤，嗾潘改適，潘毀容自矢。族兄者，夜率勢家僕數十人誣以債，椎門入。潘負子，冒風雨，踰垣逸。前距大河，追者迫，潘號慟投於河。適有木浮至，憑以渡，達母家，遂止不歸。淮年十九，始歸。

淮補諸生，娶婦生五子。潘年五十，宗人聚而祝，族兄者亦至。潘曰：「氏所以得有今日，賴伯氏玉成。」目淮酌酒飲伯，卒爵，北向拜曰：「未亡人，三十年來瀕死者數矣，而顧强生，獨以淮故耳。今幸成立，且多子，復何憾。」語畢入室。頃之宴徹，諸宗人同淮入謝，則縊死室中矣。

楊氏，桐城吳仲淇妻。仲淇卒，家貧，舅欲更嫁之。楊曰：「即饑死，必與舅姑俱。」舅不能奪。數年，家益貧，舅謀於其父母，將以償債。楊仰天呼曰：「以吾口累舅姑，不孝。無所助於貧，不仁。失節則不義。吾有死而已。」因咽髮而死。

張烈婦，蕪湖諸生繆釜妻。年十八，歸釜。越四年，釜病，屬張善自託。張泣曰：「夫以吾有二心乎？有子則守志奉主，妻道也。無子則潔身殉夫，婦節也。」乃沐浴更衣，闔戶自縊。閱日，而釜乃卒。

又蔡烈婦，松陽葉三妻。三負薪爲業，蔡小心敬事。三久病，織紝供藥餌。病篤，執婦手訣曰：「及我生而嫁，無受三年苦。」婦梳洗更衣，袖刀前曰：「我先嫁矣。」刎頸死。三驚歎，尋死。

又鄭氏，安陸趙鈺妻。性剛烈，閨房中言動不涉非禮。某寡婦更適人，饋以茶餅。鄭怒，命傾之。夫戲曰：「若勿罵，幸夫不死耳。」鄭正色曰：「君勿憂，我豈爲此者。」後鈺疾將死，迴視鄭，瞪目不瞑。鄭曰：「君得毋疑我乎？」卽自縊於牀楣。鈺少甦，回盼，出泪而絕。

王烈婦，上元人。夫嗜酒廢業，僦居破屋一間，以竹篷隔內外。婦日塞戶，坐門扉績麻自給。夫與博徒李游。李悅婦姿，謀亂之。夫被酒，以狂言餂婦，婦奔母家避之。夫逼之歸，夜持酒脯與李俱至，引婦坐，婦駭走且罵。夫以威挾之，婦堅拒，大被搒笞。婦度不免，夜攜幼女坐河干，慟哭投河死。是夜，大風雨，屍不漂沒。及曙，女尚熟睡草間。

又許烈婦，松江人許初女。夫飲博不治生。諸博徒聚謀曰：「若婦少艾，曷不共我輩歡，日可得錢治酒。」夫卽以意喻婦，婦叱之，屢加箠撻不從。一日，諸惡少以酒肴進。婦走避鄰嫗家，泣顧懷中女曰：「而父不才，吾安能覥顏自存，俟汝之成也。」少間，聞闔戶聲。嫗覘之，則拔刀刎頸仆地矣。父挈醫來視，取熱雞皮封之，復抓去。明旦氣絕，年二十五。

吳氏，永豐人，名姞姞。年十八，適甯集略。未一年，夫卒，六日不食。所親百方解譬，始食粥，朝暮一溢米。服除，母憐其少，欲令改適。往視之，同寢食三年，竟不敢出一語。歸謂諸婦曰：「此女鐵石心，不可動也。」

慈谿沈氏六節婦。章氏，祚妻。周氏，希魯妻。馮氏，信魁妻。柴氏，惟瑞妻。孟氏，弘量妻。孫氏，琳妻。所居名沈思橋，近海。族衆二千人，多驍黠善鬬。嘉靖中，倭賊入犯，屢殲其魁，奪還虜掠。賊深讐之。一日，賊大至，沈氏豪誓於衆曰：「無出婦女，無輦貨財，共以死守，違者誅。」章亦集族中婦女誓曰：「男子死鬬，婦人死義，無爲賊辱。」衆竦息聽命。賊圍合，羣婦聚一樓以待。旣而賊入，章先出投於河，周與馮從之。柴方爲夫礪刃，卽以刃斫賊，旋自刃。孟與孫爲賊所得，奪賊刃自刺死。時宗婦死者三十餘人，而此六人尤烈。

黃氏，沙縣王珣妻。嘉靖中，倭亂，流劫其鄉。鄉之比鄰，皆操舟爲業。賊至，衆婦登舟，匿艙中，黃兀坐其外。衆婦呼之曰：「不虞賊見乎？」黃曰：「篷窗安坐，恐賊至不得脫，我居外，便投水耳。」賊至，黃躍入水中死。

時同縣羅舉妻張氏，從夫避亂巖穴間。賊至，張與妾及妾子俱爲所獲。賊見張美，欲犯之，不從。至中途，張解髮自縊，賊斷之。張又解行纏，賊又覺之，徒跣驅至營。賊魁欲留之，張厲聲曰：「速賜一死。」賊曰：「不畏死，吾殺汝妾。」張引頸曰：「請代妾，留撫孩嬰。」賊曰：「吾殺孩嬰。」張引頸曰：「請代孩嬰，存夫嗣。」賊令牽出殺之。張先行，了無懼色。賊方猶豫，張罵不絕口，遂遇害。投屍於河，數日屍浮如生。

張氏，政和游銓妻。倭寇將至，婦數語其女曰：「婦道惟節是尙，值變之窮，有溺與刃耳，汝謹識之。」銓聞，以爲不祥。婦曰：「使婦與女能如此，祥孰大焉。」未幾，賊陷政和，張度不脫，連呼女曰：「省前誨乎？」女頷之，卽赴井。張含笑隨之，並死。

又葉氏，松溪江華妻，陳氏，葉弟惠勝妻，皆里人避倭長潭。值歲除，里嫗覓刀爲幼男薙髮弗得，葉出諸懷中。衆問故，曰：「以備急耳。」及倭圍長潭，執二婦，共繫一繩。葉謂陳曰：「我二人被縶，縱生還，亦被惡名，死爲愈。」陳唯唯。葉探刀於懷，則已失，各抱幼女跳潭中死。

同時林壽妻范氏，亦與衆婦匿山塢。倭搜得衆婦，偕至水南，范獨與抗。或謂姑順之，家且來贖。答曰：「身可贖，辱可贖哉！我則寧死。」賊聞言，殺其幼女恐之，不爲動。曰：「併及汝矣。」厲聲曰：「固我願也！」賊殺之。

劉氏二女，興化人。嘉靖四十一年與里中婦同爲倭所掠，繫路傍神祠中。倭飲酣，遍視繫中，先取其姊。姊厲聲曰：「我名家女也，肯汚賊乎？」倭笑慰之曰：「若從我，當詢父母歸汝。」女曰：「父母未可知，此時尚論歸耶？」倭尚撫背作款曲狀。女怒，大罵。時黄昏，倭方縱火，女卽赴火死。已復侵其妹，妹又大罵。倭露刃脅之，不爲動，曰：「欲殺，卽殺。」倭欲强犯之，女紿曰：「吾固願從，俟姊骨燼乃可，否則不忍也。」倭喜負薪益火，火熾，女又赴火死。時同死者四十七人，二女爲最。

孫烈女，五河人。性貞靜，不苟嬉笑。母朱卒，繼母李攜前夫子鄭州兒來。州兒恃母欲私女，嘗以手挑之，忿批其頰。一日，女方治麪，州兒從後摟之。女揪髮覓刃，州兒齧其臂得脫。女奔訴於姊，觸地慟哭曰：「母不幸，父又他出，賊子敢辱我，必刃之而後死。」姊曲撫慰。乃以臂痕示李，使戒戢之。州兒不悛，紿李曰：「兒採薪，臂力不勝，置遺束於路。」李往取之，歸則戶扃甚嚴。從母舒氏亦趨至，曰：「初聞如小犢悲鳴，繼又響震如雷，必有異。」幷力啓之，州兒死閾下，項幾斷，女亦倚壁死。蓋州兒詐母出，調女。女陽諾而使之閉門，旣躡其後殺之也。

又蔡烈女，上元人。少孤，與祖母居。一日，祖母出，有逐僕爲僧者來乞食，挑之，不從。挾以刃，女徒手搏之，受傷十餘處，罵不絕，宛轉死竈下。賊遁去，官行驗，忽來首伏。官怪問故。賊曰：「女拘我至此。」遂抵罪。

陳諫妻李氏，番禺人。諫，嘉靖十一年進士。爲太平推官，兩月卒，其弟扶櫬歸。李曰：「吾少嫠也，豈可與叔萬里同歸哉！」遂不食死。

胡氏，會稽人。字同里沈袠。將嫁，而袠遘父鍊難，二兄袞、褒杖死塞上，袠與兄襄並逮繫宣府獄。總督楊順逢嚴嵩意，必欲置二子死，搒掠數百，令夜分具二子病狀。會順爲給事中吳時來所劾，就檻車去，襄等乃得釋。自是病嘔血，扶父喪歸，比服闋始婚，胡年已二十七。踰六月，袠卒，胡哀哭不絕聲，盡出奩具治喪事。有他諷者，斷髮剺面絕之。終日一室中，卽同產非時不見。晚染疾，家人將迎醫，告其父曰：「寡婦之手豈可令他人視。」不藥而卒，年五十一。以襄子嗣。

戴氏，莆田人，名清。歸蔡本澄，年甫十四。居二年，本澄以世籍戍遼東，買妾代婦行。戴父與約曰：「遼左天末，五年不歸，吾女當改嫁矣。」至期，父語清如約。泣不從，獨居十有五年。本澄歸，生一子，未晬，父子相繼亡。清哀毀幾絕。父潛受吳氏聘，清聞之曰：「人呼女蔡本澄婦耳，何又云吳耶？」卽往父家，使絕婚。吳訟之官，令守節，表曰寡婦清之門。時莆又有歐茂仁妻胡氏，守節嚴苦，內外重之。郡有獄久不斷，人曰：「太守可問胡寡婦。」守乃過婦問之，一言而決。

胡氏，鄞許元忱妻。元忱爲徐祝師養子，習巫祝事。胡鄙之，勸夫改業，且勸歸許宗。未果，而元忱疫死。氏殯之許氏廬，苦臥柩傍，夜擁一刀臥。里某求氏爲偶，氏毀面截鬢髮，斷左手三指，流血淋漓，某驚遁。族婦尊行抱持之，大慟，因立應後者，令子之。氏服喪三年，不浣不櫛。畢葬，乃爲子娶婦。夫有弟少流移於外，復爲返之，許氏賴以復起。

李氏，郃陽安尙起妻。尙起商河南，病亡。氏聞訃，盡變產完夫債，且置棺以待夫櫬歸，跪告族黨曰：「煩舉二棺入地。」閉戶將自縊，鄰婦欲生之，排闥曰：「爾尙有所逋，何遽死？」氏啓門應曰：「然吾資已盡，奈何？請復待一日。」乃紉履一雙往畀之，曰：「得此足償矣。」歸家，遂縊死。

吳節婦，無爲周凝貞妻。凝貞卒，婦年二十四，毀容誓死，不更適，傭女工以奉孀姑。姑老臥病，齒毁弗能食。婦絕其兒乳以乳姑，冬月臥擁姑背以煖之，宛轉牀席者三年。姑卒，哀毁骨立，年七十五終。

又楊氏，淸苑劉壽昌妻。年十九，夫卒，誓死殉。念姑病無依，乃不死。母家來迎，以姑老不忍去側，竟不歸寧。閱三十年，姑卒，葬畢，哀號夫墓曰：「妾今得相從地下矣。」遂絕粒。家人問遺言。曰：「姑服在身，殮以布素。」遂瞑。

徐亞長，東莞徐添男女。添男爲徐姓僕，生亞長四歲而死。母以亞長還其主，去而別適。比長，貞靜寡言笑，居羣婢中，凜然有難犯之色。家童進旺欲私之，不可。亞長奉主命薙草豆田中，進旺跡而迫之，力拒獲免，因哭曰：「聞郎君讀書，有寡婦手爲人所引，斧斷其手，況我尚女也，何以生爲！」遂投江死。

蔣烈婦，丹陽姜士進妻。幼穎悟，喜讀書。弟文止方就外傅，夜歸，輒以餅餌啖之，令誦日所授書，悉能記憶，久之遂能文。歸士進數年，士進病瘵死。婦屑金和酒飲之，并飲鹽鹵。其父數偵知，奔救免。不食者十二日，父啓其齒飲之藥，復不死。

禮部尚書寶，士進從父也，知婦嗜讀書，多置古圖史於其寢所，令續劉向列女傳。婦許諾，家人備之益謹。一日，婦命於繐帳前掘坎埋大缸貯水，笑謂家人：「吾將種白蓮於此，此花出泥淖無所染，令亡者知予心耳。」於是日纂輯不懈。書將成，防者稍不戒，則濡首缸中死矣。

爲文脫稿卽毀，所存烈女傳及哭夫文四篇、夢夫賦一篇，皆文止竊而得之者。御史聞於朝，榜其門曰文章貞節。初，其兄見女能文，以李易安、朱淑眞比之，輒嚬蹙曰：「易安更嫁，而淑眞不慊其夫，雖能文，大節虧矣。」其幼時志操已如此。

楊玉英，建寧人。涉獵書史，善吟咏。年十八，許字官時中。時中有非意之獄，父母改受他聘。玉英聞之，囑其婢曰：「吾篋有佩囊、布鞵諸物，異日以遺官官人。」婢弗悟，諾之。於是竊入寢室，自經死，目不瞑。時中聞訃，具禮往祭，以手掩之，遂瞑。婢出所遺物，付父母啓之，得詩云：「崑山一片玉，既售與卞和。和足苦被刖，玉堅不可磨。若再付他人，其如平生何！」

又張蟬雲，蒲城人，許字俞檜。萬曆中，檜被誣繫獄。女聞可賄脫，謀諸母，欲貨妝奩助之。母不可，曰：「汝未嫁，何爲若此。」女方食，卽以盌擲地，恚不語。入暮自縊死。

陳襄妻倪氏。襄爲鄞諸生，早卒。婦年三十，無子，家貧，力女紅養姑。有慕其姿者，遣媒白姑。婦煎沸湯自潰其面，左目爆出，又以烟煤塗傷處，遂成獰惡狀。媒過之，驚走，不敢復以聘告。歷二十年，姑壽七十餘卒，婦哀慟不食死。

彭氏，安丘人。幼字王枚臯。未嫁，枚臯卒，誓不再適。濰縣丁道平密囑其父欲娶之。彭察知，六日不食。道平悔而止，心敬女節烈，後聞其疾革不起，贈以棺。彭語父曰：「可束葦埋我，亟還丁氏棺，地下欲見王枚臯也。」遂死。

又劉氏，潁州劉梅女，許聘李之本。之本歿，女泣血不食，語父曰：「兒爲李郎服三年，需弟稍長，然後殉。寄語翁，且勿爲郎置槨。」遂盡去鉛華，教弟讀書，親正句讀。越一年，梅潛許田家。女聞，中夜開篋，取李幣，挑燈製衣，衣之，縊死。知府謝詔臨其喪，鄰里弔者如市。田家亦具奠賻，舉酒方酹，柩前承灌瓦盆劃然而碎，起高丈餘，遶檐如蝶墜。觀者震色。

劉氏二孝女，汝陽人。父玉生七女，家貧力田。嘗至隴上，歎曰：「生女不生男，使我扶犁不輟。」其第四、第六女聞之惻然，誓不嫁，著短衣代父耕作。及父母相繼卒，無力營葬，二女卽屋爲丘，不離親側。隆慶四年，督學副使楊俊民、知府史桂芳詣其舍請見，二女年皆逾六十矣。

黃氏，江寧陳伯妻。年十八，歸伯。父死，母欲改節，氏苦諫不從。一日，母來省，女閉門不與相見，母慚去。後伯疾篤，黃誓不獨生。一日，姑扶伯起坐，黃熟視曰：「嗟乎！病至此，吾無望矣。」走竈下，碎食器刺喉不殊，以廚刀自刎死，年二十一。

邵氏，丹陽大俠邵方家婢也。方子儀，令婢視之。故相徐階、高拱並家居，方以策干階，階不用，即走謁拱，爲營復相，名傾中外。萬曆初，拱罷，張居正屬巡撫張佳胤捕殺方，幷逮儀。儀甫三歲，捕者以日暮未發，閉方所居宅，守之。

方女夫武進沈應奎，義烈士，負氣有力，時爲諸生，念儀死，邵氏絕，將往救之。而府推官與應奎善，固邀飲，夜分乃罷。武進距方居五十里，應奎踰城出，夜半抵方家，踰牆入，婢方坐燈下，抱儀泣曰：「安得沈郎來，屬以此子。」應奎倉卒前，婢立以儀授之，頓首曰：「邵氏之祀在君矣。此子生，婢死無憾。」應奎匿儀去，晨謁推官。

旦日，捕者失儀，繫婢毒掠，終無言。或言於守曰：「必應奎匿之。」奎所善推官在坐，大笑曰：「冤哉！應奎夜飲於余，晨又謁余也。」會有爲方解者，事乃寢，婢撫其子以老。

楊貞婦，潼關衞人，字郭恒。萬曆初，客遊湖南，久不歸。父議納他聘，女不可，斷髮自守。家有巖壁，穴牆居之，垂槖以通飲食，如是者二十六年。恒歸，乃成禮。

又有倪氏，歸安人，許聘陳敏。敏從征，傳爲已死，踰五十載始歸。倪守志不嫁，至是成婚，年六十一矣。

楊氏，寧國饒鼎妻。鼎以單衣溺死湖中，楊招魂葬之，課二子成立，冬不衣袷。萬曆初，年八十，竟單衣入宅旁池中，端坐死。

丁氏，五河王序禮妻。序禮弟序爵客外，爲賊所殺，其妻郭氏懷孕未卽殉。及生子越月，投繯死。時丁氏適生女，泣謂序禮曰：「叔不幸客死，嬸復殉，棄孤不養，責在君與妾也。妾初舉女，後尙有期，孤亡則斬叔之嗣，且負嬸矣。」遂棄女乳姪。未幾，序禮亦死，竟無子女。氏年方少，撫姪長，絕無怨悔。

尤氏，崑山貢生鏞女。嫁諸生趙一鳳，早死，將殉之，顧二子方繈褓，爲彊食。二子復殤，慟曰：「可以從夫矣。」痛夫未葬，卽營窀穸。惡少年豔其色，訾其目曰：「彼盼美而流，烏能久也。」婦聞之，夜取石灰手挼目，血出立枯。置棺自隨。夫葬畢，卽自縊，或解之，乃觸石裂額，趨臥棺中死。

李氏，王寵麟繼妻。寵麟仕知府卒，氏年二十餘，哭泣不食，經四十日疾革。知族人利其資，必以惡語傾前妻子，預戒家人置己棺中，勿封殮。衆果蝟集，譟孤殺母。氏從棺中言：「已知汝輩計必出此也。」衆大慚而去，然後瞑。

孫氏，甌寧人。幼解經史，字吳廷桂。廷桂死，孫欲奔喪，家人止不得，父爲命輿。曰：「奔喪而輿，可乎？」入夜，徒步往，挾納采雙金雀以見舅姑。拜畢，奠柩側，遂不離次，期必死。吳家故貧，所治棺，取具而已。好事者助以美櫝，孫視之曰：「木以美逾吾夫，非禮矣。」卻之。以樸櫝來，乃許。屆期縊死，書衣帶中云：「男毋附尸，女毋啓衣。」

方孝女，莆田人。父瀾，官儀制郎中，卒京師。女年十四，無他兄弟，與叔父扶櫬歸。渡揚子江，中流舟覆，櫬浮。女時居別舟，皇遽呼救，風濤洶怒，人莫敢前。女仰天大哭，遂赴水死。經三日，屍浮，傍父櫬，同泊南岸。

又有解孝女，寧陵人。年十四，同母浣衣。母誤溺水，女四顧無人，號泣投水。俄兄紹武至，泅而得之，母女皆死。女手挽母甚堅，兄救母，久之復甦。女手仍不解，兄哭撫之曰：「母已生，妹可慰矣。」乃解。

李氏，東鄉何璇妻。璇客死。李有殊色，父迫之嫁。遂以簪入耳中，手自拳之至沒，復拔出，血濺如注。姑覺，呼家人救，則已死矣。

項貞女，秀水人。國子生道亭女，字吳江周應祁。精女工，解琴瑟，通列女傳，事祖母及母極孝。年十九，聞周病瘵，卽持齋、燃香燈禮佛，默有所祝，侍女輩竊聽，微聞以身代語。一日，謂乳媼曰：「未嫁而夫亡，當奈何？」曰：「未成婦，改字無害。」女正容曰：「昔賢以一劍許人，猶不忍負，況身乎？」及訃聞，父母秘其事，然傳吳江人來，女已喻。祖母屬其母入視，女留母坐，色甚溫，母釋然去。夜伺諸婢熟睡，獨起以素絲約髮，衣內外悉易以縞，而紉其下裳。檢衣物當勞諸婢者，名標之，列諸牀上。大書於几曰：「上告父母，兒不得奉一日驩，今爲周郎死矣。」遂自縊。兩家父母從其志，竟合葬焉。

李氏，壽昌人。年十三，受翁應兆聘。應兆暴卒，女盡取備嫁衣飾焚之，以身赴火，爲父母救止。乃赴翁家，哀告舅姑乞立嗣，復乞一小樓，設夫位，坐臥於旁，奠食相對，非姑不接面。舅亡，家落，忍饑紡績以養姑。未幾，姑亦亡，鄰火大起，夜半達旦，延百餘家。鄰婦趨上樓，勸之避，婦曰：「此正我授命時也。」抱夫木主待焚。須臾四面皆燼，小樓獨存。

玉亭縣君，伊府宗室典柄女。年二十四，適楊仞。不兩月仞卒，號慟不食。或勸以舅姑年老，且有遺孕，乃忍死襄事。及生男，家日落。萬曆二十一年，河南大饑，宗祿久缺，紡績三日，不得一飧，母子相持慟哭。夜分夢神語曰：「汝節行上聞於天，當有以相助。」晨興，母子述所夢皆符，頗怪之。其子曰：「取屋後土作坯，易粟。」其日掘土，得錢數百。自是，每掘輒得錢。一日，舍傍地陷，得石炭一窖，取以供爨。延兩月餘，官俸亦至，人以爲苦節所感。

馬節婦，年十六，歸平湖諸生劉濂。十七而寡。翁家甚貧，利其再適，必欲奪其志。不與飲食，百計挫之，志益厲。嘗閉門自經，或救之，則繫絕而墜於地死矣。急解之，漸蘇。翁又陰納沈氏聘，其姑誘與俱出，令女奴抱持納沈舟。婦投河不得，疾呼天救我。須臾風雨晝晦，疾雷擊舟，欲覆者數四。沈懼，乃旋舟還之。事聞於縣，縣令婦別居。時父兄盡歿，無可歸，假寓一學舍，官贍之以老。

王氏，東莞葉其瑞妻。其瑞貧，操舟往來鄰境，一月一歸。婦紡績易食。萬曆二十四年，嶺南大饑，民多鬻妻子。其瑞將鬻婦博羅民家，劵成，載其人俱來。入門見氏羸甚，問之，不饘粥數日矣。其瑞泣語之故，且示之金，婦笑而許之。及舟發寶潭，躍入潭中死。兩岸觀者如堵，皆謂水迅，屍流無所底。其瑞至，從上流哭數聲，屍忽湧出，去所投處，已逆流數十步矣。

劉氏，博平吳進學妻。楊氏，進性妻。進學疫死，旣葬，劉夜匍匐縊於墓所。未幾，進性亦疫死，楊一慟幾絕。姑議嫁之，楊曰：「我何以不如姒。」遂縊死。

譚氏，南海方存業妻。生子三月，夫亡，悲號欲殉。母及姑交止之，且諷改適。氏垂涕曰：「吾久不樂生，特念姑與兒耳。」哽咽流涕不止，二人不敢復言。及子七歲，遣就塾師，先令拜姑，微示付託意，竊自喜曰：「吾今可以遂志矣。」一日，媒氏至，復勸改適，氏愈憤，中夜縊死。

又張氏，臨清林與岐妻。夫亡，欲自縊，舅姑慰之曰：「爾死，如遺孤何？」氏以衣物倩乳嫗育其子，三月，知子安乳嫗，遂不食死。

李烈婦，餘姚吳江妻。年二十，夫與舅俱卒，家酷貧，婦紡績養姑，已恒凍餒。有黃某者，謀娶之，賄夫族某使餌其姑，未卽從。某乃陰與黃及父家約，詭稱其母暴病，肩輿來迎。

婦倉卒升輿，既及門，非父家也。姑亦尋至，布几席，速使成禮。婦佯曰：「所以不欲嫁者，爲姑老無依耳。姑旣許，復何言。然妾自夫歿未嘗解帶，今願一洗沐。」又問：「聘財幾何？」姑以數對。曰：「亟懷之去。姑在，我卽從人，殊赧顏也。」衆喜，促姑行，爲具湯。湯至，久不出，闢戶視之，則縊死矣。

其後，崇禎十五年，餘姚又有黃烈婦者，金一龍妻。夫早歿，黃截指自誓，立從子爲嗣，與姑相依。熊氏子欲娶之，母黨利其財，紿令還家，間道送於熊。黃知勢不可挽，願搜括所有以償聘金，不聽，相持至夜深，引刀自刎未殞。其姑聞之，急趨視，黃曰：「婦所以未卽死者，欲姑一面耳，今復何求。」遂刎喉以絕。郡邑聞之，斃熊氏子獄中。

須烈婦，吳縣人。夫李死，市兒悅其色，爭欲娶之。婦泣曰：「吾方送一夫，旋迎一夫。且利吾夫之死而妻我，不猶殺我夫耶！」市兒乃糾黨聚謀，將掠之。婦驚奔母，母懼不敢留。返於姑，姑懼如母。投姊，姊益不敢留，婦泣而歸。鄰人勸之曰：「若卽死，誰旌若節者，何自苦若此？」婦度終不免，自經死。

陳節婦，安陸人。適李姓，早寡，孑然一身，歸父家守志，坐臥小樓，足不下樓者三十年。臨終，謂其婢曰：「吾死，愼勿以男子舁我。」家人忽其言，令男子登樓舁之，氣絕踰時矣，起坐曰：「始我何言，而令若輩至此。」家人驚怖而下，目乃瞑。

馬氏，山陰劉晉嘯妻。萬曆中，晉嘯客死，馬年二十許，家無立錐。伯氏有樓，遂與母寄居其上，以十指給養，不下梯者數十年。常用瓦盆貯新土，以足附之。鄰婦問故，曰：「吾以服土氣耳。」年六十五卒。

謝烈婦，名玉華，番禺曹世興妻。世興爲馮氏塾師，甫成婚，卽負笈往。亡何病歸，不能起，婦誓不改適。曹族之老嘉之，議分祭田以贍。或謂婦年方盛，當俟襄事畢，令歸寧，婦佯諾。及期，駕輿欲行，別諸姒，多作訣語，徐入室閉戶，以刀自斷其頸。家人亟穴板入，血流滿衣，尚未絕，見諸人入，亟以左手從斷處探喉出之，右手引刀一割，乃瞑。

張氏，桐城李棟妻。棟死無子，張自經於牀。母救之，奮身起，引斧斫左臂者三。家人奪斧，抑而坐之蓐間，張瞶悶不語。家人稍退，張遽搶身出戶投於水。水方氷，以首觸穴入，遂死。

邑又有烈婦王氏，高文學妻。文學死，父道美來弔，謂王曰：「無過哀。事有三等，在汝自爲之。」王輟泣問之，父曰：「其一從夫地下爲烈，次則冰霜以事翁姑爲節，三則恒人事也。」王卽鍵戶，絕粒不食，越七日而死。

又有戚家婦者，寶應人。甫合巹，而夫暴歿。婦哭之哀，投門外汪中死。後人名其死所爲戚家汪云。

金氏，通渭劉大俊妻。年十九，夫病風痹，金扶浴溫泉。暴風雨，山水陡發，夫不能動，令金急走。金號泣堅持不肯舍，並溺死。屍流數十里而出，手猶挽夫不釋云。

又應山諸生王芳妻楊氏。芳醉墜塘中，氏赴水救之。夫入水益深，氏追深處偕死。

王氏，山陰沈伯夔妻。議婚數年，伯夔病厲，手攣髮禿，父母有他意。女問：「沈郎病始何日？」父曰：「初許時固佳兒，今乃病。」女曰：「旣許而病，命也，違命不祥。」竟歸之。伯夔病且憊，王奉事無少怠。居八年卒，嗣其從子。更出簪珥佐舅買妾，更得子。踰年，舅姑相繼亡，王獨撫二幼孤，鬻手食之，並成立。

李孝婦，臨武人，名中姑，適江西桂廷鳳。姑鄧患瘵疾，將不起，婦涕泣憂悼。聞有言乳肉可療者，心識之。一日，煮藥，爇香禱竈神，自割一乳，昏仆於地，氣已絕。廷鳳呼藥不至，出視，見血流滿地，大驚呼救，傾駭城市，邑長佐皆詣其廬，命亟治。俄有僧踵門曰：「以室中蘄艾傅之，卽愈。」如其言，果甦，比求僧不復見矣。乃取乳和藥奉姑，姑竟獲全。

又洪氏，懷寧章崇雅妻。崇雅早卒，洪守志十年。姑許，疾不能起，洪剜乳肉爲羹而飲之，獲愈，餘肉投池中，不令人知。數日後，羣鴨自水中銜出，鳴噪迴翔，小童獲以告姑。姑起視之，乳血猶淋漓也。其夫兄崇古亦早亡，姒朱氏誓死靡他，妯娌相守五十年云。

倪氏，興化陸鰲妻。性純孝，舅早世，憫姑老，朝夕侍寢處，與夫暌異者十五年。姑鼻患疽垂斃，躬爲吮治，不愈，乃夜焚香告天，割左臂肉以進，姑啖之愈。遠近稱孝婦。

劉氏，張能信妻，太僕卿憲寵女，工部尙書九德婦也。性至孝，姑病十年，侍湯藥不離側。及病劇，舉刀刲臂，侍婢驚持之。舅聞，囑醫言病不宜近腥膩，力止之。踰日，竟刲肉煮糜以進，則姑已不能食，乃大悔恨曰：「醫給我，使姑未鑒我心。」復刲肉寸許，慟哭奠簀前，將闔棺，取所奠置棺中曰：「婦不獲復事我姑，以此肉伴姑側，猶身事姑也。」鄉人莫不稱其孝。

明史卷三百三

列傳第一百九十一

列女三

徐貞女　劉氏　余氏　虞鳳娘　林貞女　王貞女　倪美玉
劉烈女　上海某氏　谷氏　白氏　高烈婦　于氏 臺氏　胡氏
王氏　劉孝女　崔氏　高陵李氏　烈婦柴氏　周氏 王氏　荆媧
宋氏　李氏陳氏　蘄水李氏 婢阿來　萬氏 王氏五烈婦　明倫堂女
陳氏　雞澤二李氏　姜氏　六安女　石氏女 謝氏　莊氏　馮氏
唐烈妻陳氏 劉氏　唐氏 顏氏　盧氏　于氏 蕭氏　楊氏　仲氏女
何氏　趙氏　倪氏 王氏　韓氏　邵氏 李氏　江氏　楊氏　張氏
石氏 王氏等　郭氏　姚氏　朱氏 徐氏女　定州李氏　胡敬妻姚氏

熊氏　丘氏 乾氏　黃氏　洗馬畈婦　向氏　雷氏　商州邵氏
呂氏　曲周邵氏　王氏　吳之瑞妻張氏　韓鼎允妻劉氏
江都程氏六烈　江都張氏 藺氏等　張秉純妻劉氏　陶氏
田氏　和州王氏　方氏　陸氏 子道弘妻　于氏　項淑美 王氏
甬上四烈婦　夏氏

徐貞女，宣城人。少字施之濟。年十五，里豪湯一泰豔之，倚從子祭酒賓尹，强委禽焉。女父子仁不受，夜趣施舁女歸。一泰恚甚，脅有司攝施婦，欲庭奪以歸，先使人捽之濟父子及媒妁數人，毆之府門，有司莫能制。徐氏被攝，候理，次城東旅舍，慮不免。夜伺人靜，投池中死，衣上下縫紉不見寸體。觀者皆泣下，共舁古廟，盛夏鬱蒸，蠅不敢近。郡守張德明臨視，立祠城東祀之。

劉氏，京師人。有松江人戍邊者，詐稱無妻，娶劉。既而遇赦歸，紿劉曰：「吾暫歸省。」久之不復至，劉抵松訪之，夫拒不納。劉哭曰：「良人棄我，我將安歸。」乃翦髮爲尼，行乞市上，人多憐而周之。劉置一棺，夜臥棺中數十年。鄰火起，劉入棺，呼曰：「乞與闔棺，以畢吾事。」遂焚死。

余氏，黃岡宋蒙妾。蒙妻劉，舉子女各一人，余無所出。及蒙卒，劉他適，妾辛勤育之。日事紡績，非丙夜不休。壼政嚴肅，親屬莫敢窺其門。踰二十年，忽謂子女曰：「吾命將盡，不能終視若輩，惟望若輩爲上流人爾。」越數日，無疾而逝。

虞鳳娘，義烏人。其姊嫁徐明輝而卒，明輝聞鳳娘賢，懇其父欲聘爲繼室。女知，泣謂父母曰：「兄弟未嘗同妻，卽姊妹可知。」父執不聽，女絕口不言，自經死。

林貞女，侯官人。父舜道，官參政。女幼許長樂副都御史陳省子長源，既納幣，長源卒。女蓬首削脂澤，稱疾臥牀，哭無聲而神傷。或謂未成婦，何自苦。答曰：「予名氏、歲月飾而櫝之以歸陳，忍自昧哉！」固請於父，欲赴陳喪，父爲達其意。陳父答曰：「以凶歸，所不忍，以好歸，疇與主之？姑俟喪除。」女大悲咤曰：「是欲緩之，覬奪吾志也。」遂不食，積七日，嘔血死。

王貞女，崑山人，太僕卿宇之孫，諸生述之女，字侍郎顧章志孫同吉。未幾，同吉卒。女即去飾，白衣至父母前，不言亦不泣，若促駕行者。父母有難色，使嫗告其舅姑，舅姑掃庭內待之。女既至，拜柩而不哭，斂容見舅姑，有終焉之意。姑含淚曰：「兒不幸早亡，奈何累新婦。」女聞姑稱新婦，泪簌簌下，遂留執婦道不去。早晚跪奠柩前，視姑眠食外，輒自屏一室，雖至戚遣女奴候視，皆謝絕，曰：「吾義不見門以外人。」後姑病，女服勤，晝夜不懈。及病劇，女入候牀前，出視藥竈，往來再三，若有所爲。羣婢窺之而莫得其迹，姑旣進藥則睡，覺而病立閒，呼女曰：「向飲我者何藥？乃速愈如是。」欲執其手勞之，女縮手有難進之狀。姑怪起視，已斷一指煮藥中矣。姑歎曰：「吾以天奪吾子，常憂老無所倚。今婦不惜支體以療吾疾，豈不勝有子耶！」流涕久之。人皆稱貞孝女云。

倪美玉，年十八歸董緒。緒居喪過毀得疾，謂妻曰：「吾無兄弟，又無子。吾死，父母祀絕矣。當以吾屋爲小宗祠，置祀田數畝，小宗人遞主之，春秋享祀，吾父母獲與焉，吾無憾矣。汝必以此意告我叔父而行之。」緒卒，倪立從子爲後。治喪畢，攜其女及田二十畝囑其姒曰：「以此累姆。」及夫叔父自外郡至，泣拜致夫命，叔父如其言。事竣，婦出拜謝，卽入室臥不食。居數日，沐浴整衣曰：「亡夫召我矣。」舉手別父母親屬而逝，年二十二。

劉烈女，錢塘人。少字吳嘉諫。鄰富兒張阿官屢窺之，一夕緣梯入。女呼父母共執之，將訟官。張之從子倡言劉女誨淫，縛人取財。人多信之。女呼告父曰：「賊污我名，不可活矣，我當訴帝求直耳。」即自縊。盛暑待驗，暴日下無屍氣。嘉諫初惑人言，不哭。徐察之，知其誣也，伏屍大慟。女目忽開，流血淚數行，若對泣者。張延訟師丁二執前說，女傳魂於二曰：「若以筆污我，我先殺汝。」二立死。時江濤震吼，岸土裂崩數十丈，人以爲女冤所致。有司遂杖殺阿官及從子。

上海某氏，旣嫁，夫患瘋癩，舅姑謀奪以妻少子。婦覺，密告其夫，夫泣遣之歸寧。婦潛製殮具，夫旣死，舅姑不以告，不闔棺，露置水濱，以俗忌惡疾也。婦聞，盂飯瀹雞，偕幼妹至棺所，抱屍浴之，斂以衣衾，闔棺設祭。祭畢，與妹訣，以巾幕面，投水死。

谷氏，餘姚史茂妻。父以茂有文學，贅之於家。數日，鄰人宋思徵責於父，見氏美，遂指逋錢爲聘物，訟之官。知縣馬從龍察其誣，杖遣之。及谷下階，茂將扶以行。谷故未嘗出閨閤，見隸人林立，而夫以身近己，慚發頳，推茂遠之。從龍望見，以谷意不屬茂也，立改判歸思。思卽率衆擁輿中而去，谷母隨之至思舍。谷呼號求速死，斷髮屬母遺茂。思族婦十餘人，環相勸慰，不可解，乘間縊死。從龍聞之大驚，捕思，思亡去。茂感妻義，終身不娶。

白氏，淸澗惠道昌妻。年十八，夫亡。懷娠六月，欲以死殉。衆諭之曰：「胡不少待，舉子以延夫嗣。」氏泣曰：「非不念良人無後，但心痛不能須臾緩耳。」七日不食而死。

高烈婦，博平諸生賈垓妻。垓卒，氏自計曰：「死節易，守節難。況當兵亂之際，吾寧爲其易者。」執姑手泣曰：「婦不能奉事舅姑，反遺孤孫爲累。然婦殉夫爲得正，勿過痛也。」遂縊。

于氏，穎州鄧任妻。任病，家貧，藥餌不給，氏鬻嫁笥救之。閱六月病革，氏聘簪二，綰一於夫髮，自綰其一，撫任頸哽咽曰：「妾必不負君。」納指任口中，令齧爲信。任歿三日，縊死。

州又有臺氏，諸生張雲鵬妻。夫病，氏單衣蔬食，禱天願代，割臂爲糜以進。夫病危，許以身殉，訂期三日。夫付紅帨爲訣，氏號泣受之。越三日，結所授帨就縊，侍婢救不死，恨曰：「何物奴，敗我事！令我負三日約。」自是，水漿不入口，舉聲一號，熱血迸流。至七日，頓足曰：「遲矣，郎得毋疑我。」母偶出櫛沐，扃戶縊死。

胡氏，諸城人，遂平知縣麗明孫女也。年十七，歸諸生李敬中，生一女而夫卒。初哭踊甚哀，比三日不哭，盥櫛拜舅姑堂下，家人怪之，從容答曰：「婦不幸失所天，無子，將從死者地下，不得復事舅姑，幸强飯自愛。他日叔有子，爲亡人立嗣，歲時奠麥飯足矣。」姑及其母泣止之，不可，乃焚香告柩前，顧家人曰：「洗含汝等親之，不可近男子。」遂入戶自經，母與姑槌門痛哭疾呼，終不顧而死。

王氏，淄川成象妻。夫死，痛哭三日，唇焦齒黑。父不忍，予之水，謝勿飲。又三日，氣息漸微，强起語父曰：「翁姑未葬，夫亦露殯，奈何？」父許任其事，氏就枕叩頭而瞑，年十七。

劉孝女，京師人。父蘭卒，矢志不嫁，以養其母。崇禎元年，年四十六矣，母病歿，女遂絕粒殉之。

崔氏，香河王錫田妻。崇禎二年，城破，氏與衆訣曰：「我義不受辱。」涕泣乳其女，將自縊，家人力持不得遂。兵及門，衆俱奔，氏倉皇縊於戶後，恐賊見其貌，或解之也。

高陵李氏，鎮撫劉光燦妻。夫歿，勵志苦守。崇禎四年，賊陷高陵。年七十九，其家掖之走，曰：「未亡人棄先夫室何往？」語未已，賊露刃入。卽取刀自刺，流血淋漓。賊壯其烈，與飲食，怒不受，以盌擊賊，罵曰：「吾忍死四十九年，今啜賊食耶！」遂遇害。

烈婦柴氏，夏縣孫貞妻。崇禎四年，夫婦避賊山中。賊搜山，見氏悅之，執其手。氏以口齧肉棄之曰：「賊污吾手。」繼扳其肱，又以口齧肉棄之曰：「賊污吾肱。」賊捨之去，氏罵不絕聲，還殺之。

周氏，新城王永命妻，登州都督遇吉兄女也。幼通孝經、列女傳。崇禎五年，叛將耿仲明、李九成等據登州反，縱兵淫掠。一小校將辱之，氏紿之去，卽投繯死。明日，賊至，怒其誑己，支解之。事平，永命偵賊所在，擊斬之，以其首祭墓。

時蓬萊浦延禧妻王氏，年二十，守節撫孤。九成叛，城陷，叔允章至其家，問所向。答曰：「兒豈向患難中求活。」時有蔴索在牀頭，叔以手振之曰：「欲決計於此乎？」氏首肯，從容就縊。

荆嫣，陝西淳化人，姓高氏。兄起鳳，邑諸生。崇禎五年，流賊掠繼母秦氏及荆嫣去，起鳳馳赴賊營請贖。賊索二馬，起鳳傾貲得一馬，予之。賊止還其母。起鳳與妹訣曰：「我去，汝卽死。」賊令勸妹從己，且欲留爲書記。起鳳大罵不從，被殺。百計脅荆嫣，大罵求死。賊悅其色，割髮裂衣以恐之。嫣益罵不已，賊乃殺之，年甫十六。巡按吳甡上其事，兄妹皆旌。

陳丹餘妻宋氏。丹餘爲鄖陽諸生。崇禎六年，賊至被掠，幷執其女，迫令入空室。前有古槐，母女抱樹立，罵曰：「吾母子死白日下，豈受污暗室中。」大罵不行。賊斷其手，益大罵，俱被害。

黃日芳妾李氏、陳氏。日芳知霍丘縣，崇禎八年，齎計簿入郡。流賊突至，圍城。二人相謂曰：「主君未還，城必不守，我兩人獨有一死耳。」密縫內外衣甚固，城陷，南望再拜，攜赴藏天澗死。越三日，日芳至，號哭澗側。兩屍應聲浮出，顏色如生，手尙相援。

蘄水李氏，諸生何之旦妻。流賊至蘄，執而逼之去，不從，則衆挾之。李罵益厲，齧賊求死。賊怒，刺之，創徧體，未嘗有懼色，賊斷其頸死。

從婢阿來抱李幼女，守哭。賊奪女將殺之，不與，伏地以身庇之。刺數十創，婢、女俱死。

萬氏，和州儒士姚守中妻，泉州知府慶女孫也。生六子，皆有室。崇禎八年，流賊陷其城，慟哭孀姑前，命諸婦曰：「我等女子也，誓必死節。」諸子環泣，急麾之曰：「汝輩男子，當圖存宗祀，何泣焉？」長子承舜泣曰：「兒讀書，惟識忠孝字耳，願爲厲鬼殺賊，何忍母獨死。」遂負母投於塘。諸婦女孫相隨死者十數人，僅存子希舜，求其屍，共聚塘坳，無一相離者。

流賊陷和州，王氏一時五烈婦：王用賓妻尹氏，用賢妻杜氏，用聘妻魯氏，用極妻戴氏，又王氏良器女，劉臺妻也。五人同匿城西別墅，誓偕死。及賊登陴，呼聲震地。五人相持泣曰：「亟死亟死，毋污賊刃。」結繯，繯斷，適用賢所佩劍挂壁上，杜趨拔之，爭磨以刭，次第死。

州又有女，失其姓，與諸婦共匿明倫堂後。其四人已爲賊執，用帛牽之。獨此女不肯就執，多方迫之不得。四婦勸之，泣曰：「我處女也，可同男子去耶？」以頭搶地。賊搴其足而曳之，女大罵。賊怒，一手搴足，以刀從下劈之，體裂爲四。

陳氏，涇陽王生妻。有子方晬，生疾將死，以遺孩屬陳。陳曰：「吾當生死以之。」流賊至，陳抱子避樓上。賊燒樓，陳從樓簷跳下，不死。賊覘其色麗，挾之馬上，陳躍身墜地者再。最後以索縛之，行數里，陳力斷所繫索，幷鞍墜焉。賊知不可奪，乃殺之。賊退，家人收其屍，子呱呱懷中，兩手猶堅抱如故。

雞澤二李氏。一同邑田蘊璽妻。遇亂，蘊璽兄弟被殺。李抱女同姒王抱男而逃。王足創難行，令李速去。李曰：「良人兄弟俱死，當存此子以留田氏後。」遂棄己女，抱其子赴城，得無恙。一嫁曲周郭某。遭亂，舉家走匿。翁姑旋被殺，李攜幼男及夫弟方七歲者共逃，力罷，不能俱全。或教之舍叔而抱男，李曰：「翁姑死矣，叔豈再得乎！子雖難捨，然吾夫在外，或未死，尚可期也。」竟棄男，負叔而走。

宋德成妻姜氏，臨清人。德成知贊皇縣，寇入署，姜投井。賊出之，逼令食，罵曰：「待官兵剮汝，醢爲脯，吾當食之。」以簪自剔一目示賊曰：「吾廢人也，速殺爲幸。」賊怒殺之。

六安女，失其姓。崇禎中，流賊入境，見其美，將犯之。以帕蒙其頭，輒壞之，曰：「毋污我髮。」被以錦衣，又擲之曰：「毋污吾身。」强擁諸馬上，復投地大罵請死。賊怒刃之，既而歎曰：「眞烈女。」

石氏女，失其邑里，隨父守仁寓五河。崇禎十年，流賊突至，執欲污之。女抱槐樹厲聲罵賊。賊使數人牽之不解，斲其兩手，罵如初。又斷其足，愈罵不絕，痛仆地佯死。賊就褫其衣，女以口齧賊指，斷其三，含血升許噴賊，乃瞑。賊擁薪焚之，厥後所焚地，血痕耿耿，遇雨則燥，暘則濕。村人駭異，掘去之，色亦入土三尺許。

又當塗舉人吳昌祚妻謝氏，爲亂卒所掠。謝以手抱樹，大罵不止。卒怒，斷其附樹之指，復拾斷指擲卒面，卒磔殺之。

周彥敬妻莊氏。彥敬，棲霞知縣。氏讀書知大義，亂起，鄉人悉竄山穴中。莊以男女無別，有難色。彥敬強之曰：「不入，且見殺。」莊曰：「無禮不如死，君疑我難死乎！」卽引刀自裁。彥敬感其義，終身不復娶。

梁凝禧妻馮氏。凝禧，隨州諸生。崇禎十年，聞賊警，夫婦買舟避難。行至西河，賊追急，登岸奔魏家砦。夫婦要同死，氏訣凝禧曰：「同死固甘，但君尙無子，老母在堂，幸速逃，明早可於此地尋我。」凝禧遂逃，次早果得屍於分手處。

唐烈妻陳氏。烈，孝感諸生。崇禎十年，從夫避難山砦。賊突至，夫與子俱奔散，陳獨行山谷間。砦人曰：「非唐氏嫗乎？事迫矣，可急入保。」陳問夫與子至未，曰：「未也。」陳泣曰：「我煢煢一婦人，靡因而至。諸君雖憐而生我，我何面目安茲土耶！夫存亡未知，依人以生不貞，棄夫之難不義。失貞與義，何以爲人！吾其行也。」卒不入。已，賊至，逼去不從，大罵死。

又劉氏，懷寧人，應天府丞顏素之孫婦也。崇禎末，亂兵焚掠江市。其舅與夫先在南京。劉才身出避，倉皇無所之，見男婦雜走登舟，慨然曰：「吾儕婦人，保姆不在，義不出帷，敢亂羣乎！」遂投江死。

唐氏，廣濟潘龍躍妻。崇禎十三年避賊靈果山。賊至，加刃龍躍頸，索錢。唐跪泣，乞以身代夫，不許。女巽跪泣，乞以身代父，不許。唐知夫不免，投於塘，女從之。賊愴然釋其夫。

又顏氏，長樂諸生黃應運妻。城陷，兵至其家，欲殺應運生母詹氏，顏泣訴，願身代。及顏方受刃，妾曾又奔號曰：「此我主母，無所出，願殺我以全其命。」卒感其義，兩釋之。

潁州盧氏，王瀚妻。家貧，春織終歲。崇禎十四年大饑，夫患瘦。氏語夫曰：「君死，我當從。」及夫死，時溽暑，氏求親戚斂錢以葬曰：「我當死，但酷熱無衣棺，恐更爲親戚累，遲之秋爽耳。」聞者咍之。及秋，盡糶其新穀，置粗布衣，餘買酒蔬祀夫墓。歸至家，市棃數十進姑，幷貽妯娌，語人曰：「我可死矣。」夜半自縊。

于氏，汝州張鐸妻。崇禎十四年，賊破城，氏謂兩婢曰：「吾輩今日必死，曷若先出擊賊，殺賊而斃，不失爲義烈鬼。」於是執梃而前，賊先入者三，出不意，悉爲所踣。羣賊怒，攢刺之，皆死。

蕭氏，萬安賴南叔妻。夫早喪，無子，遺一女。寇大起，築室與女共居。盜突至，率女持利刃遮門，詈曰：「昔寧化曾氏婦，立砦殺賊。汝謂我刃不利邪！犯我必殺汝。」賊怒，縱火焚之，二人咸燼。

又楊氏，安定舉人張國紘妾。崇禎十六年，賊賀錦攻城急。國紘與守者議，丁壯登陴，女子運石。楊先倡，城中女子從之，須臾四城皆徧。及城陷，楊死譙樓旁。事定，家人獲其屍，兩手猶抱石不脫。

仲氏女，湖州人，隨父賈漢陽。崇禎中，漢陽陷，從羣婦將出城，賊守門者止之。有頃，賊大肆淫掠，見女美，執之。女剺面披髮，大罵。賊具馬，命二賊挾之上，連墜傷額，終不肯往。賊露刃迫之曰：「身往何如頭往？」笑曰：「頭往善。」遂被害。

酈抱義妻何氏。抱義，臨武諸生。崇禎末，氏爲賊所執，乃垢面蓬髮紿以病疫，賊懼釋之。及賊退，家人咸喜，何泣曰：「平昔謁拜伯叔，猶赭顏汗發。今匿身不固，以面目對賊，牽臂引裾，雖免汚辱，何以爲人！」竟忿恚不食死。

湯祖契妻趙氏。祖契，睢州諸生。氏知書，有志節。崇禎十五年，賊陷太康，將抵睢。氏語家人曰：「州爲兵衝，未易保也。脫變起，有死耳。」及城破，屬祖契負其母以逃，而已闔戶自經，家人解之，投井，復爲家人所阻，怒曰：「賊至不死，非節也，死不以時，非義也。」賊至，環刃相向，牽之出，厲聲訶賊，遂遇害。

蕭來鳳妻倪氏。來鳳，商城貢生，慷慨有大節。賊逼受職，不屈死，倪自經從之。又有宋愈亭，深澤舉人，寇至投井死。妻王氏曰：「夫旣如此，吾敢相負。」媳韓生男甫六日，願從死，相對縊。

邵氏，鄒縣張一桂妻，同妾李氏遇賊。欲迫李行，邵罵曰：「亡夫以妾託我，豈令受賊辱。」賊怒殺之。李知不免，紿曰：「我有簪珥埋後園井旁。」賊隨李發之，至則曰：「主母爲我死，我豈獨生。」卽投井。賊下井扶之，李披髮破面罵不已，扭其衣欲令併死井底，叫聲若雷。賊知不可强，乃刃之。

宗胤芳妻江氏，魯山人。子麟祥，進士。流賊之亂，江與麟祥妻袁氏率孫女、孫婦九人登樓，俱懸於梁。視其已死，乃引刀自剄。

曹復彬妻楊氏。復彬，江都諸生。城破，復彬創仆地，楊匿破屋中。長女蒨文，年十四，趣母決計。次女蒨紅，年十二，請更衣死。楊止之，復彬執不可，乃爲三繯，次第而縊。

梁以樟妻張氏，大興人。以樟知商丘縣。崇禎十五年，流賊圍商丘，急積薪樓下，集婢女其上，俱令就縊。謂子燮曰：「汝父城守，命不可知，宗祀惟汝是賴。」屬乳媪匿民家。自縊死。家人舉火，諸屍俱燼。

鄭完我母石氏，甘州衞人。完我，南陽府同知，旣之官，妻王氏奉石家居。崇禎十六年，賊圍甘州，石預戒家人積薪室中。及城陷，攜王及一孫女縱火自焚。寇退，出屍灰燼間，姑媳牽挽不釋手。女距三尺許，覆以甕，啓視色如生。

郭氏，長治宋體道妻。崇禎十五年，任國琦作亂，同居諸婦皆羅跪，呼郭不出，獨匿垝垣。賊怒，詰其不跪，瞪目厲聲曰：「我跪亦死，不跪亦死，已安排不活矣。」賊加數刃，迄死罵不絕口。

姚氏，桐城人，湘潭知縣之騏女，諸生吳道震妻。年十九，夫亡，以子德堅在襁褓，忍死撫之。越二十六年，至崇禎末，流賊掠桐城。兄孫林奉母避潛山，氏偕行。賊奄至，孫林格鬭死，德堅負氏逃。氏曰：「事急矣，汝書生焉能負我遠行，倘賊追及，卽俱死，汝不能全母，顧反絕父祀乎！」叱之去，德堅泣弗忍，氏推之墜層厓下。須臾賊至，叱曰：「出金可免。」氏曰：「我流離遠道，安得有金。」賊令解衣驗之，罵曰：「何物賊奴，敢作此語！」賊怒，刃交下死。

朱氏，無爲人，徐畢璋妻。年十七，歸璋。璋有妹名京，年十五，未字。崇禎十五年，流賊破城。朱方懷孕，奔井邊，謂京曰：「吾娠在懷，井口狹，可推而納之。」京曰：「唯。」納畢，卽哭呼曰：「父母安在乎，吾伴嫂死矣！」一躍而入。

李氏，定州人，廣平教授元薦女，歸同里郝生。崇禎十六年，州被兵。生將奉親避山中，留李與二子居其母家。生控馬將發，李哭拜馬前，指庭中井訣曰：「若有變，卽潔身此中，以衣袂爲識，旁有白線一行者，卽我也。」比城破，藏二子他所，入井死。兵退，生出其屍，顏色如生。

胡敬妻姚氏。敬，孝感貢生。流賊陷孝感，姚乘舟避難南湖，欷歔不已。鄰舟婦解之曰：「賊入黃，從未殺人，何畏也？」姚曰：「我非畏殺，畏其不殺耳。」聞賊將入湖，歎曰：「賊至而死，辱矣。」遂攜二女僮投水死。

熊氏，武昌李藎臣妻，大名知縣正南女。藎臣父周華，官贛州知府，藎臣從父之任，留婦於家。崇禎十六年，武昌陷，婦匿林藪中，爲賊所得，奪刀自刎。賊去，鄰嫗救活之。明年，李自成率殘卒南奔，婦隻身竄山谷。有胡姓者，欲爲子娶之。婦曰：「吾頸可斷，汝不聞前事乎！」已，藎臣自江西歸，遇賊被殺。婦慟三日，自縊死。

丘氏，孝感劉應景妻。崇禎末，爲賊所執，逼從，不可。賊曰：「刃汝。」丘曰：「得死爲幸。」賊注油滿甕，漬其衣，語同類曰：「此婦倔彊，將爇之。」丘哂曰：「若謂死溺、死焚、死刃有間乎？官兵旦夕至，若求如我，得哉！」賊怒，束於木焚之，火熾，罵不絕口。

同邑乾氏，年十七，歸高文煥。文煥卒，無子，拔刀自裁。母及姑救之，越三日復甦。自是斷葷，日不再食。崇禎十六年，聞賊陷德安，將及孝感。從子高騫將扶避山砦，氏曰：「吾老矣，豈復出門求活。行吾四十年前之志，可也。」投後園池中死。

邑又有黄氏，張挺然妻。崇禎末，賊帥白旺陷德安，授挺然僞掌旅。黄泣止之，不聽。賊令挺然取婦爲質，黄攜十歲兒匿青山砦。挺然誘以利，刦以兵，且使親戚招之，皆不應。已而破砦，焚己居以窮黄，黄匿愈深，竟不可得。挺然寄兒金簪，兒以綰髮，黄怒，拔棄之曰：「何爲以賊物污首！」久之，賊敗，挺然走死襄陽，黄耕織以撫其子，鄉人義之。

蘄水洗馬畈某氏，爲賊所執，不從。賊刃其腹，一手抱嬰兒，一手捧腹，使氣不即盡以待夫。夫至，付兒，放手而斃。

向氏，黄陂人。年十八，歸王旦士。未久，賊陷黄陂，被執。賊持刀迫之，氏罵不絕口。賊指衆曰：「若非汝父母，卽舅姑兄弟，必盡殺，而後及汝。」氏曰：「我義不辱，與家人何與！」奪刃自刎。賊怒，立磔之。

劉長庚妾雷氏。長庚爲同州諸生。賊陷潼關，將及州，長庚拜家廟，召妻及二子曰：「汝年長，且有子，當逃。」召雷及所生女曰：「汝年少，當從吾死。」雷曰：「妾志也。」長庚攜酒登樓，謂妾曰：「汝平日不飲，今當共醉。」妾欣然引滿。長庚且飲且歌，夜半徧題四壁，拔刀示妾曰：「可以行乎？」對曰：「請先之。」奪刀自刎。長庚乃解所繫絛，縊於梁。女方七歲，橫刀於壁，以頸就之而死。

邵氏，商州人，布政使可立女，侍郎雒南薛國用子匡倫妻也。流賊將至，避之母家。商州陷，賊驅使執爨，罵曰：「吾大家女，嫁大臣子，肯爲狗賊作飯耶！」賊怒，斫其足，罵益厲，斷舌寸磔之。

關陳諫妻呂氏。陳諫，雲夢諸生。族有安氏者，殉其夫關坤，呂每談及，輒感慨欷歔曰：「婦人義當如是。」崇禎末，寇陷鄰郡，呂謂夫曰：「賊焰方張，不如早爲之所。」取魚網結其體甚固。俄寇至，俾縫衣，呂投剪破賊面，罵曰：「賊敢辱我鍼黹乎！手可斷，衣不可縫。」賊怒，磔之，投於水。

邵氏，曲周李純盛妻。寇至，姑姊妹俱避地洞中。邵爲寇所得，問洞所在。紿之行，寇喜隨之，徑往井傍，投井死。洞中五十餘人俱獲免。

王氏，宛平劉應龍妻。年十六，嫁應龍。家貧，以女紅養舅姑。應龍父子相繼亡，王事姑撫子。閱二十年，賊陷都城，泣拜其姑曰：「留長孫奉事祖母，婦死已決。」遂攜幼子投井死。

吳之瑞妻張氏。之瑞，宿松諸生。福王時，城陷，軍士欲污之。張恐禍及夫與子，紿曰：「此吾家塾師，攜其子在此。吾醜之，若遣去，則惟命。」夫與二子去已遠，張乃厲聲唾罵，撞石死。

韓鼎允妻劉氏。鼎允爲懷寧諸生。福王時，城潰。舅姑雙柩殯於堂，劉守不去。賊欲剖棺，劉抱棺號哭，賊釋之。一女年十三，賊欲縱火，而數盼其女。劉紿之曰：「苟不驚先柩，女非所惜也。」賊喜投炬，攜女去。劉送女，目門外池示之，女卽投池死。賊怒，刃劉，劉罵不絕口死。

江都程氏六烈。程煜節者，江都諸生也。其祖姑有適林者，其姑有適李者，其叔母曰劉氏、鄒氏、胡氏。而煜節之妹曰程娥，未字。城被圍，與劉約俱死，各以大帶置袖中。城破，女理髮更衣，再拜別其母，遂縊死。劉有女甫一歲，啼甚慘。劉乳之，復以糕餌一器置女側，乃死。鄒與胡亦同死。適林者，投井死。適李者，遭掠，紿卒至井旁，大罵投井死。時稱一門六烈。

張氏，江都史著馨妻。年二十六，夫亡。及城陷，撫其子泣曰：「嚮也撫孤爲難，今也全節爲大。兒其善圖，吾不能顧矣。」遂赴水死。

又蘭氏，孫道升繼妻。其前妻女曰四，蘭所生女曰七，皆嫁古氏。次曰存，孫女曰巽，皆未嫁。其弟道乾、道新並先卒。道乾妻王氏，子天麟妻丁氏，道新妻古氏，其從弟子啓先妻董氏。江都之圍，諸婦女各手一刃一繩自隨。城破，巽先縊死。蘭時五十四，引繩自縊死。王氏、丁氏投舍後汪中死。古氏亦五十四，守節三十年，頭盡白，投井死。有女嫁於吳，生女曰睿，方八歲，適在外家，從死於井。董氏以帶繫門樞，縊死。存病足，力疾投井死。董氏之娣，有祖母曰陳氏，方寄居，與董氏同處，亦自縊死。四與七同縊於牀死。

同時有張廷鉉者，妻薛氏，城破自縊死。廷鉉之妹曰五，遇卒鞭撻使從己，大呼曰：「殺卽殺，何鞭爲！」遂殺死。

張秉純妻劉氏。秉純，和州諸生。家故貧，氏操井臼，處之怡然。國亡，秉純絕粒死。氏一勺水不入口，閱十有六日，肌骨銷鑠，命子扶至柩前祭拜，痛哭而絕。

陶氏，當塗孫士毅妻，守節十年。南都覆，爲卒所掠，縛其手介刃於兩指之間，曰：「從我則完，否則裂。」陶曰：「義不以身辱，速盡爲惠。」兵不忍殺，稍創其指，血流竟手，曰：「從乎？」曰：「不從。」卒怒，裂其手而下，且剜其胸，寸磔死。陶母奔護，亦被殺。

田氏，儀眞李鐵匠妻，姿甚美。高傑步卒掠江上，執犯之，田以死拒。挾馬上，至城南小橋，馬不能渡。田紿卒牽衣行，覩中流急湍，曳二卒赴水，並溺死。

王氏，和州諸生張侶顏妻。南都不守，劉良佐部卒肆掠。氏同母匿朝陽洞，卒攻洞急，氏以子付母曰：「賊勢洶洶，我少婦，卽苟免，何面目回夫家。此張氏一綫，善撫之。」言訖，挺身跳洞外，洞高數十仞，亂石巉巖若鋒刃，碎身死焉。

方氏，桐城錢秉鐙妻。避寇寓南都。歲祲，饘粥不給，以女紅易米食其夫，己與婢僕雜食糠籺。客過，潔茗治饌，取諸簪珥，與秉鐙遊者，未嘗知其貧也。秉鐙與阮大鋮同里，有隙，避吳中。方挈子女追尋，得之。已而吳中亦亂，方知不免，乃密紉上下服，抱女赴水死。

陸氏，嘉定黃應爵妻。少喪夫，家貧，紡績自給踰三十年。甫歿，嘉定城破。子道弘妻，亡其姓，持二女倉卒欲赴井。長女曰：「若使母先投，必戀念吾二女，不如先之。」乃挽妹亟入，道弘妻繼之，並溺死。

于氏，丹陽荆溁妻。溁父大澈爲亂兵所殺。于聞變，知不免，謂溁曰：「請先殺妾。」溁不忍，怒曰：「君不自殺，欲留爲亂兵汚耶！」溁慟哭從之。

項淑美，淳安人，適方希文。希文好蓄書。杭州不守，大帥方國安潰兵掠江滸，數百里無寧宇。希文避山間，載書以往。會幼子病疹，希文出延醫，淑美與一嫗一婢處。是夕，亂兵突至，縱火肆掠。婢挽淑美衣，欲與俱出，正色叱曰：「出則死於兵，不出死於火，等死耳，死火不辱。」時嫗已先去，見火熾復入，呼曰：「火至，奈何弗出？」淑美不應，急取書堆左右，高與身等，坐其中。須臾火迫，書盡焚，遂死。賊退，希文歸，則餘燼旋而成堆，若護其骨者。一慟，灰即散，乃收骨瘞先兆。

先是，有慈谿王氏，歸同里方姓。甫踰月，火起，延及其屋。夫適他出，氏堅坐小樓不下，遂被焚，骸骨俱燼，惟心獨存。夫歸，捧之長號，未頃即化。

甬上四烈婦。錢塘張氏，鄞縣舉人楊文瓚妻。國變後，文瓚與兄文琦，友華夏、屠獻宸，俱坐死。張紉箴聯其首，棺殮畢，即盛服題絕命詩，徧拜族戚。吞腦子不死，以佩帶自縊而卒。文琦妻沈氏亦自縊。夏繼妻陸氏結帨於梁，引頸就縊，身肥重，帨絕墮地。時炎暑，流汗沾衣，乃坐而搖扇，謂其人曰：「余且一涼。」既復取帨結之而盡。有司聞楊、華三婦之縊，遣丐婦四人至獻宸家，防其妻朱氏甚嚴。朱不得間，陽爲歡笑以接之，且時時誚三婦之徒自苦也。數日，防者稍懈，因謂之曰：「我將一浴，汝儕可暫屏。」丐婦聽之，闔戶自盡。時稱「甬上四烈婦」。

夏氏，黔國公沐天波侍女也。沙定州之亂，天波出走，母陳、妻焦亦避外舍。懼賊迫，焦謂姑曰：「吾輩皆命婦，可陷賊手乎！」舉火自焚死。夏歸其母家，獲免。後天波自永昌還，夏復歸府，則已薙爲尼矣。天波感其義，俾佐內政。及天波從亡緬甸，夏遂自經。時城中大亂，死者載道，屍爲烏犬所食，血肉狼籍，夏屍棄十餘日，獨無犯者。